ENTRETIENS

SUR L'ÉTAT

DE NOTRE LÉGISLATION CRIMINELLE.

Se trouve à Paris,

Chez

Chaumerot, Palais du Tribunat, galeries de bois, n°. 188 ;

Nepveu, passage du Panorama ;

Méquignon, Palais de Justice ;

Delance, rue des Mathurins S.-J., Hôtel Cluny.

ENTRETIENS

ENTRE

UN REPRÉSENTANT AU CORPS LEGISLATIF

ET UN JUGE,

SUR L'ÉTAT

DE NOTRE LEGISLATION CRIMINELLE;

Contenant des Vues raisonnées sur quelques-unes des réformes ou des améliorations les plus importantes dont elle est susceptible;

Recueillis par un ancien Avocat au Parlement de Paris, Membre de la Cour de Justice Criminelle de.......

PARIS,

DE L'IMPRIMERIE DE DELANCE.

1807.

AVERTISSEMENT.

Les difficultés nombreuses auxquelles la procédure par Jurés est livrée, et les obstacles que les controverses sur ce préalable, toujours indécis, opposent encore à la rédaction d'un Code criminel, m'ont déterminé enfin à jeter sur le papier ces observations, que l'on m'a fait envisager d'ailleurs comme pouvant servir à dissiper beaucoup d'incertitudes. La forme d'*Entretiens* sous laquelle je les présente n'est point imaginaire : elles sont en effet le résultat fidèle des fréquentes discussions que j'ai eues ou dont j'ai été témoin sur la matière dont il s'agit. Peut-être, en écrivant, me suis-je laissé entraîner à des détails un peu trop étendus; mais tout en essayant de traiter l'objet sommairement, je me suis vu maîtrisé en quelque sorte par son importance. Mon intention au reste n'a pas été de faire un livre; je n'ai voulu que proposer en résumé les réflexions que l'examen du Code actuel, l'exercice des affaires et l'habitude de l'observation m'ont fait naître. Je les expose ici, non comme un traité suivi, non comme un plan de législation, mais seulement comme des aperçus utiles, qui peuvent mener à des développemens plus complets et plus appropriés au véritable intérêt de la Société, considéré dans l'état actuel des choses. Heureux si mes idées, d'accord avec mes intentions, sont trouvées dignes d'être accueillies, et si le succès peut répondre à mon zèle.

ENTRETIENS

SUR L'ÉTAT

DE NOTRE LÉGISLATION CRIMINELLE.

PREMIER ENTRETIEN.

LE REPRÉSENTANT ET LE JUGE.

Le Représentant. Appelé, Monsieur, depuis peu de tems au Corps Législatif, je désirerais me procurer des notions sur les objets importans qui seront dans le cas d'y être traités pendant les sessions auxquelles j'assisterai. La législation criminelle ne peut manquer tôt ou tard de nous occuper, et c'est, je l'avoue, une partie infiniment nouvelle pour moi. Je suis Négociant, et mes études principales se sont portées naturellement à ce qui pouvait être relatif à mon état; les lois criminelles me sont restées entièrement étrangères. Cependant s'il fallait suivre une discussion à cet égard, je n'ai pas la conscience assez commode pour oser émettre mon suffrage en aveugle. Mon devoir est de m'instruire et de n'opiner qu'en connaissance de cause. C'est à vous, Monsieur, qui joignez l'expérience aux lumières, à m'éclairer sur cet objet, et à m'indiquer les bases sur lesquelles je dois me fonder. J'espère que vous ne me refuserez point cet acte de complaisance.

Le Juge. La confiance que vous me marquez, Monsieur, m'engage à y répondre autant qu'il sera en moi : car je ne vous promets pas d'y réussir pleinement ; je vais pourtant tâcher de vous satisfaire.

Depuis long-tems on s'occupe d'un projet de Législation criminelle ; depuis long-tems la justice, l'expérience et la raison, en démontrant la nécessité d'un code pénal rédigé avec méthode, avec maturité, réclament contre cet amas indigeste de lois multipliées, éparses, incohérentes, souvent même contradictoires, dont les unes dictées par l'esprit de système et d'innovation ; les autres nées au milieu des orages révolutionnaires ; changées ou modifiées ensuite ; et presque toujours faites pour le besoin du moment, ne présentent aux Juges, même les plus exercés, qu'un chaos, et ne laissent trop communément à l'esprit qu'embarras et incertitude.

Le Monarque lui-même, toujours plein de sollicitude pour tout ce qui tend au plus grand avantage de la chose publique, a déjà manifesté le désir d'une réformation, c'est-à-dire d'un travail mûrement réfléchi, qui offrît en même tems, et les moyens de procéder avec le plus de méthode et de succès en matière criminelle, et ceux de punir dans une juste proportion les coupables, en conciliant toujours l'intérêt de l'innocence avec celui de la société.

Mais quelles seront les bases d'un nouveau code? Quels en seront les élémens? Conservera-t-on l'usage des Jurés? Les débats publics continueront-ils d'avoir lieu? Telles sont les premières difficultés qui se présentent; telles sont les premières questions qui s'élèvent de toutes parts, que chacun répète, que chacun veut discuter, et qui pourtant sont encore à résoudre.

Le Représentant. C'est précisément sur ces questions, Monsieur, que je voudrais d'abord m'éclairer, et que je vous prie de me donner vos idées, afin de diriger les miennes.

Le Juge. Puisque vous désirez avoir des développemens sur ces questions, je vais les reprendre et les suivre par ordre.

De la Procédure par Jurés.

On a beaucoup disserté jusqu'ici sur l'institution du Jury, sur ses avantages et sur ses in-

convéniens. Cette partie, l'une des plus importantes de notre Législation, se trouve aujourd'hui
livrée aux plus grandes controverses. Les uns
la prenant dans sa théorie seulement, sans en
suivre les effets et les résultats, entraînés peut-
être par l'empire de l'habitude, insistent pour
le maintien de cette institution, à laquelle ils
attribuent une excellence sur tous les autres
systèmes en ce genre. D'autres inclinant pour
la conservation du Jury au fond, voudraient
le soumettre à des changemens notables dans
les détails et dans le mode de sa composition;
d'autres enfin pensant reconnaître des vices es-
sentiels dans le fond même de la chose, des
sources d'abus dans ses accessoires, des difficul-
cultés insurmontables dans son exécution, n'y
voient qu'un concours de motifs pressans qui
en sollicitent la suppression, pour recourir dé-
finitivement à une autre forme de procéder.

A laquelle de ces diverses opinions s'arrê-
tera-t-on? C'est ce que je vais examiner et
discuter ici, en pesant les unes et les autres au
poids de l'expérience et de l'impartialité.

On ne peut se le dissimuler, dans les premiers instans où s'établit la procédure par Jurés,
elle fut accueillie avec la plus grande faveur.
L'idée en parut d'autant plus séduisante, qu'elle

faisait participer chaque citoyen à l'administration de cette partie si importante de la justice, et qu'on en vantait d'ailleurs, avec beaucoup de prévention, le succès chez un peuple voisin, que nous nous faisions, pour ainsi dire, une gloire et presqu'un devoir d'imiter dans ses conceptions, dans ses mœurs, dans ses usages, dans ses modes, et jusque dans ses bizarreries même.

La procédure par Jurés s'introduisit donc en France sous les auspices les plus favorables; et l'on doit en convenir encore, dans les commencemens sa marche semblait promettre les résultats les plus heureux. Les citoyens appelés à la fonction de Jurés s'y rendaient avec zèle ; et les erreurs dans lesquelles ils tombaient alors, étaient attribuées à la nouveauté, à l'inexpérience de la chose : on espérait que l'exercice et le tems deviendraient pour eux des guides plus assurés.

Malheureusement ces espérances furent trompées ; à mesure que l'on avançait dans la carrière on s'éloigna du but ; le moment de l'enthousiasme passé, le caractère français surnagea ; son inconstance naturelle reprit le dessus ; et la fonction de Juré à laquelle chacun avait paru d'abord aspirer, ne devint plus, aux yeux de la plupart, qu'une corvée que l'on subissait par contrainte, et que l'on remplissait dans le même esprit. Les uns par insouciance, les autres par calcul, beaucoup aussi peut-être par le sentiment de leur insuffisance, à cet égard, ne voient plus aujourd'hui qu'avec peine, et souvent avec humeur, l'obligation où on les met de se déplacer, de laisser là et pendant un tems assez long, peut-être quinze jours, leurs maisons, leurs affaires ou leurs plaisirs pour aller à huit, dix, quinze lieues ou plus de chez eux, se livrer à une fonction qui leur paroît désagréable en soi, ou à laquelle ils ne se jugent point propres, et qui d'ailleurs est étrangère à leurs connaissances ou à leurs occupations habituelles.

Le Représentant. Il me semble pourtant, Monsieur, que la fonction de Juré, honorable de soi, peut bien mériter quelques sacrifices de la part de celui qui y est appelé.

Le Juge. Ce n'est pas toujours ainsi qu'on l'envisage; ce ne sont pas toujours non plus des personnes riches que le sort désigne pour Jurés. L'objection pourrait avoir une apparence de fondement à l'égard de Paris, Lyon, Bordeaux et quelques autres villes d'une certaine importance qui peuvent offrir du choix, où il se rencontre d'ailleurs des personnes libres de leur tems, ou qui restant sur le lieu, sont du moins encore à même de donner quelque surveillance à leurs affaires.

Au contraire, dans les campagnes, les plus aisés des habitans, ceux qui seraient le plus en état de remplir la fonction de Jurés, soit sous le rapport de leurs facultés, soit à raison de leur intelligence, sont le plus souvent Maires ou Adjoints, ou exercent des emplois publics qui les exemptent, ce qui réduit d'autant le petit nombre d'individus qui pourraient être compris avec quelque succès dans la liste des Jurés. Ajoutez qu'un seul prévenu a la faculté de récuser jusqu'à vingt Jurés, sans en déduire de motifs. L'emploi de cette faculté n'est pas fréquent, à la vérité; mais enfin il peut avoir lieu, puisqu'il est consacré par la loi; en sorte que, s'il plaît à un accusé d'en faire usage, voilà vingt individus exclus de la liste des Jurés, ou du moins les voilà paralysés pour cette fois; il faut en faire un nouveau tirage et une autre convocation; et si tous les prévenus qui sont à juger dans une session, voulaient ainsi se donner carrière, le nombre des Jurés qu'il faudrait employer serait incalculable; la liste en serait bientôt épuisée.

Il est pourtant juste d'observer que les Jurés appelés au lieu de ceux qui auraient été récusés, ne peuvent plus l'être à volonté; le prévenu est tenu alors d'en fournir des motifs.

Le Représentant. Permettez-moi, Monsieur, de vous demander la raison de cette différence : car de deux choses l'une ; ou il est utile pour l'intérêt des accusés de faire des récusations de jurés, jusqu'au nombre de vingt, sans en déduire de motifs, ou cette faculté est illusoire. Si elle est utile à l'égard des premiers jurés, pourquoi serait-elle interdite quant aux autres ? Si au contraire elle est illusoire, à quoi bon l'autoriser ? Qu'un accusé ait le droit de rejeter des jurés dont il aurait à craindre quelques sentimens de partialité; que l'on se rende même peu difficile sur l'admission des motifs qu'il pourrait alléguer; rien de mieux sans doute, rien de plus juste. Mais s'abandonner à la fantaisie d'un inculpé! lui laisser la liberté de récuser jusqu'à vingt jurés, sans en donner aucune raison, peut-être même sans les connaître, et uniquement parce que *tel sera son plaisir !* c'est, ce me semble, compromettre la justice, c'est l'exposer à une dérision dont, pour le bon ordre et pour l'intérêt de la société, elle doit toujours être à l'abri.

Le Juge. Vous n'attendez pas sans doute,

Monsieur, que je réponde à votre question; vous venez vous-même de la résoudre. Je reprends ma discussion.

A ces inconvéniens que rencontre parmi nous la procédure par Jurés, et que l'institution produit elle-même, il s'en joint un autre non moins important; c'est le déplacement continuel des témoins, et le découragement qui en résulte, au détriment de la justice, sans parler des frais multipliés et souvent superflus qui en sont la suite. Ce n'est pas assez de l'audition des témoins devant le premier Officier de police judiciaire, devant le Magistrat de sûreté, le Directeur du jury, etc. etc. il faut qu'ils se transportent encore au lieu où siége la Cour de justice criminelle, souvent très-éloigné de leur demeure, pour former le débat devant le Jury de jugement, et répéter là ce qu'ils ont déjà dit *plusieurs fois*, et que l'on a aussi *plusieurs fois* recueilli par écrit.

D'une autre part, que le condamné se pourvoie en cassation contre le jugement intervenu (et il a toujours le droit de le faire), quelque juste que ce jugement puisse être au fond, quelqu'évidente que soit la preuve, un vice de forme, indépendant de la conviction, peut en faire prononcer la cassation et le renvoi devant une autre

Cour de justice criminelle. Alors nouvelle instruction, nouvel appel des témoins, nouveau débat, nouveau transport, toujours dispendieux
pour eux malgré l'indemnité qui leur est attribuée. Les voilà donc obligés d'aller à vingt, trente
lieues, et souvent plus, de leurs demeures pour
répéter oralement ce qui se trouve écrit à chaque
page, pour ainsi dire, de la procédure.

Dégoûtés ainsi, fatigués par tous ces déplacemens, peut-être même sollicités, circonvenus
dans l'intervalle ou, si l'on veut, desservis par
leur mémoire, ils changent ou atténuent leurs
anciennes dépositions; les preuves disparaissent
ou s'affaiblissent; il ne reste plus dans l'esprit
des Jurés et des Juges qu'embarras et incertitude
qui les mène de suite à l'absolution du coupable.

Ajoutons enfin que la perspective et l'exemple
de tous ces déplacemens, de ces comparutions
tant réitérées devant des Juges, des Jurés et
surtout devant un public nombreux, composé
souvent des amis, des parens et peut-être des
complices de l'accusé, avec lequel il s'établit
quelquefois une lutte pénible; tous ces incidens
rebutant beaucoup de témoins, surtout parmi
les gens de la campagne, naturellement timides
et défians, qui craignent que le coupable ou ses

amis ne se vengent de leur franchise envers la justice, par l'incendie de leurs granges ou la dévastation de leurs héritages ; tous ces incidens, dis-je, portent trop souvent les témoins à la réticence, les rendent, pour ainsi dire, muets ou aveugles ; et tel qui a vu commettre un délit ou un crime, aime mieux en garder le silence que de s'exposer à courir de Tribunaux en Tribunaux, à se donner ainsi en spectacle, et à s'attirer l'animadversion, soit des accusés qui peuvent échapper et se venger, soit de leurs parens ou de leurs complices (1).

Le Représentant. Mais laissant à part, Monsieur, toutes ces considérations de détail, qui

---

(1) Il n'est pas inutile de dire ici un mot sur la manière dont on requiert la déposition des témoins. Au lieu de l'entourer de toute l'importance dont un acte aussi grave et aussi nécessaire a besoin, on se contente d'une promesse, mollement émise, de la part du témoin, *de dire la vérité*. Beaucoup ne se croyant pas engagés par cette formule labiale, pensent n'avoir à dire que ce qui leur conviendra, et pouvoir taire de même ce qu'ils ne voudront pas révéler. Il semblerait nécessaire, pour le bien de la justice comme pour l'intérêt des accusés, de rétablir l'usage d'un serment positif, prononcé expressément par le témoin, et de lui donner surtout un caractère imposant, par des formes religieuses qui imprimassent aux dépositions un grand appareil de so-

peuvent être très-réelles en soi, et très-contraires au succès de la procédure par Jurés, n'y aurait-il pas lieu aussi de s'en prendre à la mauvaise composition des listes de Jurés et au peu de soin qu'on y apporte ? Ne pourrait-on pas mettre en pratique le plan déjà proposé pour essai, de donner à ces tableaux une nouvelle base, et de n'y employer désormais que les contribuables les plus imposés, ou de ne prendre les Jurés que dans les listes de notables, dans les Conseils électoraux de départemens ou d'arrondissemens, en leur présentant même, si l'on veut, des espérances de considération, d'avancement, ou des craintes de se montrer défavorablement s'ils se refusoient à la fonction de Jurés.

LE JUGE. Sans doute, Monsieur, ces Colléges électoraux étant censés formés par choix, et d'hommes ayant une certaine consistance dans la société, tant par leur intelligence reconnue ou présumée, que par leurs facultés, on aurait lieu de s'attendre à une meilleure composition de Juris ; et les membres d'ailleurs, pris la plupart dans la classe aisée, seraient plus dans le cas de

---

lenuité, propre à engager davantage la conscience des témoins, et à assurer aussi davantage la sincérité de leurs déclarations.

faire des sacrifices à la chose publique et d'en épargner aussi d'autant à l'Etat.

Mais je le demanderai d'abord ici, que sont des essais en matière de Législation? que font-ils surtout dans une partie qui tient de si près à la sûreté et presque à l'existence de la société? Il faudrait donc laisser subsister, pour un tems du moins, le Code criminel tel qu'il est, quoiqu'il soit reconnu généralement avoir le plus grand besoin de réformation; ou bien, forcé de pourvoir aux abus les plus urgens, on se trouverait dans la nécessité de surcharger encore cette partie de lois modificatives, révocatives ou supplémentaires; et par conséquent de la rendre d'autant plus embarrassée et incohérente.

D'un autre côté, sans doute les Jurés, pris dans la classe aisée, pourraient promettre des avantages, sous le rapport même de l'économie. Mais la fortune ne donne pas toujours la disposition, l'aptitude ou la capacité. Tel qui, par l'effet des circonstances, de ses spéculations commerciales ou financières, aura acquis des richesses, n'en sera pas pour cela plus affecté de l'esprit public; au contraire, le désir de les étendre, l'empressement d'en jouir, le tourbillon des affaires dans lequel on se trouve entraîné, mille causes particulières enfin viennent presqu'inévitablement détourner l'attention de l'objet public pour donner tout à l'intérêt privé.

Ajoutons qu'en se bornant à prendre les Jurés dans les Conseils électoraux, on en réduirait par là le nombre; par là le service de chacun revenant plus souvent, ils seraient plus souvent déplacés et détournés de leurs affaires, ce qui ne ferait qu'augmenter encore leurs motifs d'éloignement, et le dégoût de la charge qui leur serait imposée.

Dans cet état d'isolement et d'après tout ce que nous venons d'observer, je suis forcé de le dire, comme je crois qu'il est impossible de le méconnaître, la fonction de Juré ne sera toujours, pour le plus grand nombre et dans quelque classe qu'on les prenne aujourd'hui, qu'une corvée à laquelle la plupart se résigneront par nécessité et non par zèle : heureux encore si à ce sentiment de contrainte, à la négligence qui doit naturellement en résulter, ne se joint pas la mauvaise volonté.

Ainsi l'essai que l'on aurait tenté, manqué dans son but, en prolongeant le mal, ne ferait que montrer d'autant plus la difficulté du succès.

Je ne ferai plus qu'une réflexion relative à la procédure par Jurés; je proposerai l'exemple des Cours spéciales, que l'on peut regarder comme un essai en cette partie; non-seulement les Jurés n'y ont point de part, mais encore les jugemens qui en émanent ne sont susceptibles ni d'appel ni du pourvoi ordinaire à la Cour de cassation, qui ne connait de ces sortes d'affaires que sous le rapport de la compétence seulement. Des Juges exercés remplacent les Jurés; et leurs décisions appuyées de la connaissance des lois et de l'habitude des affaires, valent bien celles d'hommes étrangers à la fonction judiciaire, et dont la marche ne doit avoir de règle que leur conscience ou leur conviction, bien ou mal dirigée.

Ce n'est pas au reste que je prétende généraliser les Cours ou les Tribunaux spéciaux, c'est à dire que l'on ne doive admettre qu'un seul degré de jurisdiction, sur le fond, dans toutes les affaires criminelles. Loin de moi une pareille idée. Au contraire, si les justiciables ont la voie de l'appel en matière civile, à combien plus forte raison doit-elle leur appartenir lorsqu'il s'agit de leur honneur ou de leur vie? Je n'ai voulu seulement que faire sentir d'autant plus, par l'exemple des Cours spéciales, combien il est inutile, disons le même, inconséquent, d'appeler des Jurés, de déplacer, le plus souvent malgré eux et à grands frais, des citoyens pour exercer des fonctions judiciaires dont ils ont rarement l'expérience et même l'idée, auxquelles en conséquence ils consomment beaucoup de tems, et que des Juges, destinés par état à ce genre de travail, peuvent remplir d'une manière bien moins embarrassée, et naturellement aussi avec un succès beaucoup moins équivoque.

Lorsque les Jurés ne peuvent pas être unanimes entre eux, n'est-il pas étrange d'exiger qu'ils restent renfermés pendant vingt - quatre heures, comme si l'on voulait arracher leur suffrage à l'impatience ou à l'ennui. J'ai vu dans une affaire qui eût demandé à peine vingt minutes de délibération, les Jurés, quoique ayant fait annoncer plusieurs fois aux Juges qu'ils ne pouvaient pas s'accorder, et par conséquent être *unanimes*, comme le veut la loi ; j'ai vu, dis-je, les Jurés demeurer les vingt - quatre heures entières, et cela par l'entêtement de trois d'entre eux qui s'obstinaient à vouloir condamner, tandis que les neuf autres, avec beaucoup plus de justice, opinaient pour acquitter. Il fallut enfin, après les vingt-quatre heures complètes, en revenir à la raison, c'est-à-dire à la majorité. Ainsi voilà vingt-quatre heures de perdues, pendant lesquelles d'autres accusés détenus auraient pu être jugés, et qui se trouvent forcés par là de languir encore sous les verroux de la prison, lorsque sans ce retard ils auraient pu sortir d'affaire et recouvrer leur liberté.

Le Représentant. Mais, Monsieur, je vois par l'instruction dont on donne lecture aux Jurés à chaque affaire, qu'ils ne doivent pas considérer la loi, ou du moins qu'ils ne doivent avoir dans la déclaration qu'ils ont à faire, d'autre guide que leur conviction personnelle, sans examiner quel pourra être le résultat de leur opinion, quant à l'accusé, c'est-à-dire, quelle peine lui sera infligée si cette opinion lui est défavorable. Cette méthode n'est-elle pas sujette à beaucoup d'erreurs et d'abus?

Le Juge. Vous avez prévenu mon observation à cet égard; j'allais vous la faire lorsque vous l'avez proposée vous-même.

Sans doute le Juré ne doit pas s'arrêter à calculer le genre ou le degré de peine que pourra produire sa déclaration. Toute sa mission se borne à rechercher si l'accusation est bien démontrée, et si l'accusé lui paraît coupable, ou s'il n'est pas convaincu du délit ou du crime qu'on lui impute.

Mais au lieu de se renfermer dans ces limites, déjà bien étendues, si le Juré connaît le degré de peine qui doit frapper le coupable, ce qu'il est assez difficile d'ignorer; n'étant chargé qu'en passant de décider sur le sort d'un accusé; et pour une seule fois peut-être qu'il sera appelé, ne voulant pas prendre sur lui une condamnation grave, ou même capitale, il aimera mieux souvent écouter une pitié mal entendue ou une indulgence aveugle, et forcera les Juges, qui ne sont jusque-là et en général avec les Jurés, que *des êtres passifs*, à consacrer l'impunité, et à rendre à la société un ennemi dont la Justice aurait dû la délivrer.

Au contraire, si le Juré ne connaît pas en effet les dispositions de la loi ou l'étendue de la peine que doit entraîner sa déclaration, il mettra quelquefois les Juges dans le cas d'en infliger une plus rigoureuse que celle qu'ils auraient cru devoir prononcer naturellement s'ils eussent été libres dans leur décision. Je pourrais citer plus d'un exemple de cette malheureuse alternative.

Le Représentant. Mais il me semble, Monsieur, que les Juges sont toujours à même de diriger la marche des Jurés, par la manière de poser les questions.

Le Juge. Non, Monsieur, c'est une erreur de le penser. La manière de poser les questions a, il est vrai, son importance et peut être d'un grand poids : mais les Juges sont assujétis eux-mêmes dans cette opération par l'acte qui fait le fondement de la procédure, je veux dire, l'acte d'accusation, auquel ils sont obligés de se conformer. S'il a été mal conçu; s'il contient des détails, des chefs de conclusion exagérés ou atténuans, les Juges sont forcés de les reprendre dans leurs questions; autrement ils s'exposeraient à voir leur jugement attaqué et frappé de cassation. Enfin des questions peuvent être posées clairement et manquer pourtant leur but, si la manière de voir des Jurés s'y oppose.

Je crois devoir vous citer ici un exemple bien signalé, je dirais presque effrayant, de cette inconséquence, d'employer pour juger des hommes étrangers par leur état et leurs connaissances aux fonctions judiciaires, marchant ainsi au hasard, et qui n'ont pour fonder leurs décisions, d'autres bases que leur idée.

Dans la *même* session, et deux jours de suite, on présente aux *mêmes* Jurés deux accusations d'*infanticide*. Dans la première, une fille était prévenue d'avoir caché sa grossesse, d'être accouchée clandestinement, et d'avoir détruit son enfant. D'abord elle avait tout nié : mais pressée par le Directeur du Jury, elle avoue qu'à la vérité elle est accouchée; mais que son enfant est mort, et qu'il est encore dans son lit. En effet, perquisition faite, on trouve l'enfant dans la ruelle du lit, caché sous le rideau et enveloppé dans un mauvais linge cousu. Comme il s'était déjà écoulé plus de dix jours, et que le cadavre se trouvait en putréfaction, on n'avait pu en faire un examen bien étendu. Néanmoins les gens de l'art ayant observé l'état des poumons, et après les expériences ordinaires de l'immersion, reconnurent que l'enfant avait eu vie, qu'il était bien constitué, et qu'il était venu à terme. La fille au surplus convenait, quoiqu'avec beaucoup de réticence, qu'il avait vécu *environ une heure;* mais elle prétendait que sa mort était l'effet d'un accident. Elle alléguait qu'ayant été prise d'une faiblesse à la suite de son accouchement, elle était tombée sur son enfant, ce qui apparemment lui avait causé la mort.

La déclaration du Jury fut qu'elle avait *homicidé* son enfant, qu'elle l'avait homicidé *volontairement;* elle fut en conséquence condamnée à vingt années de réclusion et à l'exposition préalable.

Le lendemain autre accusation d'*infanticide,* devant les mêmes Jurés. La fille prévenue avait, comme la première, caché sa grossesse, son accouchement, et niait constamment l'un et l'autre.

Mais l'embonpoint extraordinaire qu'on lui avait vu, et la disparition subite de cet embonpoint, avaient éveillé l'attention de chacun, et ne laissaient aucun doute sur sa grossesse et son accouchement. Jusque-là pourtant point de preuves, pas même de corps de délit. Enfin plusieurs jours après, le hasard fait découvrir l'enfant dans un puits. Alors la fille à qui on l'attribuait est visitée par les gens de l'art; ils reconnaissent les signes les moins équivoques d'accouchement. L'enfant examiné de même est jugé bien constitué, être venu à terme et avoir respiré, comme l'indiquaient la dilatation des poumons et l'expérience de leur immersion. Dans l'intérieur de la tête se trouvaient aussi divers épanchemens sanguins, quoiqu'à l'extérieur et dans aucune autre partie du corps on ne remarquât ni plaie, ni contusion : ce qui portait les gens de l'art à penser que la mort de l'enfant n'avait pu être occasionnée que par une forte pression de la tête avec les mains, et non par un coup qu'auraient désigné quelques contusions. Il y avait encore contre l'accusée cette circonstance, qu'elle était accouchée dans la maison de ses père et mère, où elle ne demeurait pas habituellement, et où il y avait lieu de croire qu'elle s'était rendue exprès, espérant y trouver plus de facilité pour se cacher; où d'ailleurs elle était plus à même de recevoir des secours, si elle eût voulu en avoir pour elle et pour son enfant; qu'elle s'y était pourtant, du moins suivant les apparences, délivrée elle-même; qu'elle s'était pour cela dérobée aux regards de ses parens, et enfin qu'elle avait jeté son enfant dans le puits. Toutes ces circonstances la rendaient sans doute encore plus défavorable que celle qui avait été jugée la veille; mais les Jurés, fascinés par quelques phrases pathétiques du défenseur, ne pouvant méconnaître que l'accusée avait détruit son fruit, répondent la question de *volonté* par la *négative;* en sorte que celle-ci atteinte seulement par voie de police correctionnelle, en est quitte pour une amende du double de sa contribution mobiliaire (elle n'en payait aucune), et pour une année d'emprisonnement; tandis que la première, essentiellement moins coupable, est condamnée à vingt années de réclusion et à la honte de l'exposition. Ainsi la répression et la punition des crimes, le repos public, et peut-être le salut de l'innocence, dépendent du hasard, de quelques sophismes, de quelques mots plus ou moins énergiquement prononcés par un défenseur ou un accusateur plus ou moins subtil ou véhément!

Le Représentant. Mais si les Juges ne trouvent pas que la déclaration du Jury soit conséquente à l'accusation ou au débat, n'ont-ils pas la ressource des Adjoints, qu'ils sont les maîtres d'appeler pour rectifier l'erreur dans laquelle les Jurés pourroient être tombés.

Le Juge. Ceci, Monsieur, demande une explication et quelques détails.

Le Jury de jugement est composé de quinze individus, savoir douze Jurés et trois Adjoints. Ces derniers sont presque généralement trois fantômes ou trois termes, n'ayant là qu'une assistance matérielle et ne pouvant prendre aucune part aux délibérations. Leur nullité ne peut cesser qu'autant que les Juges les appelleraient, ce qui est extraordinairement rare, et ne serait pas même toujours sans inconvénient.

En effet l'emploi de ces Adjoints ne peut avoir lieu que dans le cas où le Tribunal serait unanimement d'avis que les Jurés, en observant les formes, se seraient trompés *au fond*. Or pour que les Jurés prissent ainsi le change *au fond*, il faudrait que les questions eussent été posées d'une manière bien obscure, bien inepte ou bien inconséquente, ce qu'il est difficile de présumer, parce que ces questions *au fond* ne consistent que dans ces deux points : *Est-il constant que tel crime a été commis ? N. est-il convaincu d'en être l'auteur ?* ou d'avoir aidé et assisté, etc. A-t-il commis ce crime dans l'intention, etc. Le surplus des questions n'est qu'accessoire. C'est aussi pour cela que l'emploi des Adjoints est si rare et si habituellement inutile. La seule fois où j'ai vu appeler les Adjoints, c'était dans une occasion où les Juges avaient pensé qu'une des questions accessoires répondues, contre leur attente, dans le sens affirmatif, allait entraîner une condamnation plus rigoureuse que le crime, d'ailleurs bien constant, ne devait naturellement comporter. Quelle fut l'issue de cette mesure ? La délibération ainsi recommencée, le coupable, bien démontré tel, fut absout.

Le Représentant. Je ne vous parlerai plus, Monsieur, des Adjoints, dont la présence constante aux sessions semblait m'annoncer quelqu'importance, et dont je vois maintenant toute l'inutilité; c'est véritablement une sorte de superfétation, mais qui du moins ne tient pas à l'essence de la chose, et qu'il est aisé ainsi de faire disparaître.

Nous avons parcouru jusqu'ici par détail la procédure par Jurés, et vous m'avez découvert dans cet examen un grand nombre d'inconvéniens majeurs, que faute d'expérience je n'avais pas encore aperçus. Permettez - moi pourtant de vous parler d'un avantage auquel les partisans du Jury attachent une grande importance : c'est que, disent-ils, dans cette institution chacun est jugé par ses *Pairs*.

LE JUGE. Et voilà, Monsieur, comme les mots nous abusent ! Quoi de plus illusoire qu'un pareil prétexte ! Cette idée de faire juger un délinquant par ses *Pairs* ne pourrait avoir quelqu'apparence de fondement qu'à l'égard d'une caste particulière, telle qu'était ci-devant la noblesse, ou d'une corporation, pour des délits relatifs à cette caste ou à cette corporation : mais en fait de crimes publics, ils doivent être poursuivis par les Magistrats publics, et non par des Juges particuliers. Il serait même dangereux souvent pour l'intérêt de la société de confier à des *Pairs* la punition d'un coupable que, soit par esprit de corps, soit par suite de liaisons particulières ou de sollicitations, ils seraient portés à favoriser, ou quelquefois aussi à sacrifier à des préventions ou à des passions personnelles.

Laissons à chacun remplir la tâche qui lui est propre, et à laquelle ses études ou sa vocation l'ont destiné ; et de même que nous ne voudrions pas prétendre faire d'un Juge un négociant, un artisan ou un cultivateur, n'exigeons pas davantage du négociant qu'il quitte son comptoir, de l'artisan qu'il laisse son atelier, et du cultivateur qu'il abandonne ses travaux utiles pour venir s'asseoir à la place du Juge, aux connaissances nécessaires duquel il est naturellement étranger.

En vain dira-t-on que pour être Juré il ne faut que du *bon sens*. Oui, j'ai entendu plusieurs fois avancer cette proposition. En y réfléchissant, Monsieur, je suis sûr que vous la trouverez absurde ou ridicule.

En effet, outre que le *bon sens* n'est pas un avantage qui appartienne à tous les hommes, pourquoi, ayant là des Juges que l'on doit supposer raisonnablement avoir du bon sens, qualité qui est la moindre de celles que l'on puisse exiger d'eux; qualité sans laquelle on doit croire qu'ils n'eussent pas été élevés à ce poste honorable et important; pourquoi, dis-je, ayant là des Juges qui joignent au bon sens la connaissance et la pratique des lois, les paralyser, en quelque sorte, et forcer des citoyens à qui cette connaissance est étrangère ou tout au moins inusitée, de venir prendre leur place et leur dicter des décisions que l'expérience et l'étude les mettaient à même de porter bien plus naturellement, et sur des bases bien plus assurées.

Le Représentant. Vos remarques sur ce

point, Monsieur, me paraissent essentiellement justes; il est pourtant à cet égard une observation bien sensible et à l'évidence de laquelle vous ne pourrez vous refuser : c'est que les Jurés étant en plus grand nombre que les Juges et changeant chaque fois, puisqu'ils sont désignés *par le sort*, ils sont dans le cas d'être moins circonvenus, ils sont moins exposés aux insinuations étrangères, soit en faveur , soit à la charge des accusés.

LE JUGE. Votre réflexion, Monsieur, peut paraître fondée, sous quelques rapports; mais elle n'est pas, à beaucoup près, sans réplique.

D'abord, j'ose l'avouer, c'est à mes yeux une chose bien étrange que de tirer les Jurés au sort, c'est-à-dire, de donner aux accusés des Juges comme par loterie! Leur intérêt et celui de la société se trouvent ainsi soumis aux chances du hasard; tant mieux si ce hasard procure des Jurés intelligens et éclairés; tant pis aussi s'il ne désigne que des gens ineptes ou inconséquens.

D'un autre côté, ce serait une grande erreur de croire qu'il fût si difficile d'aller au devant des Jurés appelés à une session, et par suite de les entourer de sollicitations; avec un peu de soin il est aisé d'y parvenir, et l'on en voit souvent des exemples, principalement dans le Jury d'accusation qui, convoqué seulement pour s'expliquer sur un préalable, savoir s'il y a ou s'il n'y a pas lieu à accusation, ne craint pas, voulant sauver un accusé, de trancher indirectement sur le fond, en déclarant, quelquefois contre toute évidence, qu'*il n'y a pas lieu*.

Enfin, si l'on avait besoin de gagner les Jurés, ce serait prendre trop de peine que de chercher à les circonvenir tous. Chacun n'est pas doué de la même mesure d'intelligence, de la même justesse dans les idées, de la même constance dans les opinions; et quiconque a vu de près ces sortes de réunions n'ignore pas que parmi les Jurés, deux ou trois individus, avec un peu d'adresse et de pertinacité, suffiraient trop souvent pour entraîner le suffrage des autres, et faire passer dans leurs esprits les préventions dont ils seraient animés, s'ils avaient la coupable intention de s'en prévaloir.

Tous ces prétextes dont les défenseurs du Jury essayent d'entourer cette institution, ne peuvent être d'un grand poids dans la balance, ni détruire les objections puissantes qui s'élèvent contre ce genre de procédure, et les obstacles multipliés qui s'opposeront toujours parmi nous à son succès.

Je ne citerai plus qu'un inconvénient, je dirai, insurmontable, de la procédure par

Jurés : c'est la lenteur inévitable des formes qu'elle entraîne après elle. Un point bien important dans la poursuite des crimes, c'est que la punition suive de près, autant qu'il est possible, leur consommation; c'est de prendre les mesures les plus assurées pour y parvenir; et tout en éloigne dans l'état actuel des choses.

Je sais que les formes sont les compagnes inséparables de la Justice; que leur absence ou leur oubli amèneroient l'arbitraire, et conséquemment exposeraient aux plus grands dangers; mais trop multipliées elles deviennent souvent la ressource du méchant. Ici, outre le tems nécessaire pour entendre les témoins, pour faire les interrogatoires, en un mot, pour disposer l'affaire, il faut tirer les Jurés au sort et les convoquer une première fois, pour savoir d'eux, comme je l'ai déjà observé, si dans les élémens du procès qui leur est mis sous les yeux, il y a lieu à accusation : préalable qui, quelque diligence qu'on veuille y mettre, consomme déjà beaucoup de tems, et que les Juges pourraient remplir eux-mêmes d'une manière bien plus simple, plus naturelle, et surtout plus abrégée.

Quoi qu'il en soit, leur décision recueillie, le procès est porté à la Cour d'Appel. Après les interrogatoires de forme, il faut délivrer aux accusés des copies de pièces, ce qui exige toujours un tems plus ou moins long, et donne lieu encore à des délais plus ou moins prolongés. Vient ensuite un nouveau tirage de Jurés pour le jugement, puis la communication de leurs noms aux accusés, qui ont le droit d'en rejeter *jusqu'à vingt, sans en déduire de motifs*, la loi ne leur donnant en cela d'autre règle à suivre que leur fantaisie. Enfin les Jurés convoqués et le Jugement rendu, il est ordinairement suivi du pourvoi à la Cour de Cassation qui, comme le centre de tous les Tribunaux de l'Empire qui lui en adressent, ne peut s'occuper de chaque affaire qu'à son tour; en sorte que quelque diligence que l'on apporte à la poursuite d'un crime, ce n'est qu'après un intervalle de plusieurs mois que l'on parvient à en appliquer la peine, et à la faire subir au coupable; heureux encore quand au milieu de toutes ces longueurs, il ne trouve pas les moyens d'échapper à la Justice.

LE REPRÉSENTANT. Eh bien! Monsieur, qu'un coupable échappe, c'est un malheur, sans doute; mais il vaudrait mieux en sauver vingt, que de risquer de frapper un innocent, par trop de précipitation.

LE

Le Juge. Oui, j'aime à me répéter cette maxime à moi-même : oui, toutes les fois que je n'aurai à consulter que *moi*, que je n'aurai à écouter que le sentiment qui m'est propre, que la seule voix de l'humanité, je tiendrai, comme par instinct, le même langage : c'est le premier cri de l'homme sensible et probe. Au contraire, en parlant au nom de la Société, je serai forcé de dire une vérité bien affreuse, sans doute, mais qui n'en est pas moins constante : c'est que l'impunité d'un coupable fait plus de mal à l'ordre public, par ses conséquences, que la méprise qui pourrait atteindre un innocent. Celui-ci, il est vrai, sera un objet de compassion, de douleur et de larmes ; mais tous les regrets du moins se borneront à lui ; tandis que l'autre deviendra peut-être la cause de vingt, de trente assassinats, soit par la main du scélérat même que l'erreur ou une fausse pitié revomit dans le sein de la Société, soit par le fait de tous les brigands que cet exemple d'impunité aura suffi pour encourager.

O vous, Législateurs, Juges ou Jurés, qu'un sentiment d'indulgence mal-entendue voudrait appitoyer sur le sort de l'homme corrompu et livré au crime ; qui seriez tentés de le soustraire à la peine méritée, ou d'en éluder la rigueur ; pensez-vous être justes ? Que dis-je! loin de servir l'humanité, ne vous rendez-vous pas vous-mêmes coupables envers elle, en ménageant ainsi les jours d'un monstre qui, pour quelque mince intérêt, pour quelques modiques sommes d'argent, ne craint pas d'égorger ses semblables; et qui une fois engagé dans le crime, ne fera pas difficulté de s'y livrer encore, aussitôt que son instinct féroce l'en sollicitera ; qui enfin au moment même où vous vous occupez de le servir, médite peut-être déjà quelque nouveau forfait. Songez que vous compromettez ainsi le repos et la vie de vos concitoyens. Et quels reproches n'auriez-vous pas à vous faire un jour quand, apprenant les nouveaux attentats commis sur eux, sur vos amis, sur vos proches, chacun de vous serait forcé de se dire dans l'amertume de son cœur : « Sans moi, sans » ma fatale indulgence, ils vivraient encore! »

Faut-il donc le répéter sans cesse ? Le but essentiel des lois pénales, en livrant un criminel au supplice, est moins de frapper l'individu, que d'effrayer ceux qui seraient tentés de l'imiter; est d'assurer par toutes les voies que la prudence indique, le repos de la Société ; et je crois avoir suffisamment démontré combien il est intéressant pour le bien de la justice, de rapprocher le plus qu'il est possible l'application des peines de l'époque même du délit, en abrégeant les formes avec une sage économie : ce qui ne peut jamais se rencontrer dans l'emploi de la procédure par Jurés, et ce qui tendrait d'autant plus à établir la nécessité de recourir à d'autres moyens.

Le Représentant. Mais si vous renoncez à l'usage des Jurés, si vous voulez changer cette institution, il faut donc aussi pour l'avantage de la chose en soi, et pour la tranquillité des accusés, changer l'organisation judiciaire en cette partie, augmenter le nombre des Juges dans les Cours de Justice criminelle. Trois individus seulement pour juger en dernier ressort, ne présentent pas une garantie suffisante, un appareil assez imposant; un nombre si restreint peut d'ailleurs livrer les accusés à des inquiétudes, soit du côté de la prévention, de la surprise ou de l'erreur à laquelle trois personnes seulement peuvent paraître plus exposées, soit en ne leur faisant envisager que des décisions trop peu débattues et prises trop légèrement.

Le Juge. Votre observation, Monsieur, est on ne peut plus fondée : j'y ajouterai de mon côté une réflexion relative à la permanence des Juges dans les Tribunaux criminels ; elle me semble sujette à de grands inconvéniens. Un service trop fréquent dans cette partie resserre l'âme; on s'endurcit malgré soi par l'habitude. A force de voir des coupables, on n'est que trop disposé à en trouver dans tous les accusés; de là une rigueur qui pourrait devenir funeste à l'innocence même, et dont les Juges alternans du criminel au civil, et du civil au criminel, seraient plus naturellement garantis. L'usage de les faire circuler en forme de *Tournelle*, me paraîtrait donc plus convenable et plus avantageux, que cet exercice exclusif des affaires criminelles auquel ils appartiennent uniquement, dans l'état actuel des choses.

LE REPRÉSENTANT. Quelque sages que soient, Monsieur, sur ces divers articles vos idées, dont je ne puis me dissimuler la justesse, malgré les préventions dont j'étais affecté jusqu'ici en faveur de l'institution du Jury, il me semble qu'elles nous ont un peu écartés de l'objet principal dont elles ne sont que des accessoires. Revenons maintenant à notre thèse générale. La première des questions que nous nous sommes proposé d'examiner, celle concernant la Procédure par Jurés en soi, me paroît suffisamment approfondie; il nous reste à discuter celle relative aux Débats publics; mais il est trop tard : ce serait abuser de votre complaisance aujourd'hui ; demain, si vous le trouvez bon, nous reprendrons cet examen.

Le Juge. Je me prêterai volontiers à vos désirs sur ce point. Je crois servir véritablement la chose publique en éclaircissant une matière aussi importante que celle qui nous occupe. A demain donc, Monsieur, la suite de notre entretien.

DEUXIÈME ENTRETIEN.

Le Représentant. Vous voyez, Monsieur, que je suis exact, peut-être importun; le désir de m'éclairer sera mon excuse; et je ne puis mieux faire pour cela que de mettre à contribution vos lumières et votre expérience.

Le Juge. Ne craignez pas de m'importuner, Monsieur: disposez de moi; vous ne pouvez m'obliger d'une manière plus sensible; me rendre utile, est toute mon ambition.

Le Représentant. Je vais donc profiter de votre bonne volonté.

En supposant la Procédure par Jurés abandonnée, conservera-t-on les Débats publics? Telle est la seconde question que nous nous sommes réservé de traiter aujourd'hui, et qui présente, selon moi, un intérêt non moins important que la première.

SECONDE QUESTION.

Conservera-t-on les Débats publics ?

Le Juge. Si l'on considère les Débats publics dans leur théorie et même dans leur usage, sous quelques rapports, on ne peut se dissimuler qu'ils n'offrent souvent des avantages et des résultats favorables. Les développemens et les explications qu'ils procurent suffisent quelquefois pour dissiper des incertitudes dans lesquelles on aurait pu flotter jusque-là.

Mais cette forme, nécessaire avec des Jurés pour qui tout est verbal, ou du moins à qui l'on ne communique que certains actes de la procédure; cette forme, dis-je, semble devenir inutile à des Juges instruits et exercés qui ont sous les yeux toutes les pièces écrites et les confrontations; qui sont ainsi à même de suivre les détails de l'affaire, d'en bien saisir l'ensemble par les rapprochemens qui leur sont familiers, et enfin d'en apprécier toutes les conséquences.

D'une autre part, si les Débats publics offrent des avantages, on peut aussi leur opposer des inconveniens non moins sensibles et bien plus pressans peut-être, parce qu'ils sont de tous les jours, et qu'ils intéressent plus généralement, plus habituellement la Société.

En effet, il ne faut qu'avoir assisté à quelqu'une de ces séances publiques, pour se convaincre du mal qu'elles opèrent journellement, dégénérant d'ordinaire en une école de brigandage et de crime. C'est là que les fripons viennent apprendre et la manière la plus facile de s'exercer au mal, et les moyens de détourner par des défaites astucieuses et adroites le glaive de la justice.

Enfin, à ces leçons qui naissent des Débats publics en eux-mêmes, se joint la ressource des défenseurs qui, prostituant sans pudeur un noble ministère, trahissant avec art leur serment et la vérité qu'ils ont juré de respecter, se présentent dans l'arène armés de sophismes et de subtilités, et se font une gloire d'égarer l'opinion des Jurés, de se déclarer par là les protecteurs du crime, en même tems qu'ils fournissent des instructions utiles aux brigands qui les écoutent (1).

----

(1) On pourrait ajouter à tous ces inconvéniens le scandale que des coquins audacieux donnent trop souvent au Public par leur contenance et leurs réponses impudentes. Le Président demande à l'un quelle est sa profession; et il répond, *voleur*. Comment voleur ! dit le Président. Oui, réplique le coquin; mon père l'était, j'ai fait comme lui. Mon état, à moi, est d'être *voleur*, comme à vous d'être *Président*. On observe à un autre qu'il a été fouetté et marqué sous l'ancien régime. Oui, dit-il, en tournant son dos flétri : *j'ai la croix d'hon-*

Le Représentant. Je sens comme vous , Monsieur, la réalité de ces inconvéniens des Débats publics; mais j'y vois aussi un avantage bien important; ils peuvent en certaines occasions, et sous certains rapports, devenir une sauve-garde pour l'innocence contre les abus du pouvoir.

Le Juge. Cette idée est vraie essentiellement; mais en y réfléchissant elle dégénère en une belle illusion. En effet, toutes les fois que le pouvoir voudra abuser de sa force, que feront contre lui ces faibles prévoyances de la loi ? Quelques obstacles de plus ou de moins, il trouvera toujours moyen de les éluder ou de les franchir; et le seul avantage qu'on se serait flatté de retirer des Débats publics demeurera impuissant et nul. Il ne restera donc de réel que l'inconvénient désastreux de fournir des leçons aux brigands, de les enhardir, de les instruire d'autant plus sur les moyens de commettre les crimes, et sur ceux d'échapper à la peine qui doit en être la suite.

---

neur. De pareils écarts, en apprêtant à rire aux assistans, deviennent encore des encouragemens pour la multitude, et ne font que donner des alimens nouveaux à sa dangereuse démoralisation.

Le Représentant. Ici, Monsieur, je vous arrête; et quels que soient les inconvéniens que vous trouvez aux Débats publics, quelqu'importance que vous prêtiez à ces inconvéniens, j'en vois un bien réel dans l'instruction et le jugement secrets auxquels vous revenez naturellement. Si vous écartez le Débat public, vous mettez ainsi le sort d'un accusé à la merci d'un seul homme dont la prévention, la faiblesse ou la cupidité peuvent produire de grands malheurs et des abus que la prudence doit éviter.

Le Juge. Cette objection, Monsieur, n'est pas nouvelle; elle n'est que la répétition de ce que l'esprit d'innovation ou de système, et peut-être d'anarchie, avait allégué mille fois contre l'ancienne procédure criminelle, comme contre tout ce qui existait, parce qu'il fallait arriver à une perfection chimérique à laquelle on prétendait, ou plutôt on feignait de prétendre pour abuser la multitude.

Sans doute il faut voir les hommes tels qu'ils sont; il faut les voir avec leurs défauts, leurs vices ou leurs faiblesses. Mais s'il est des méchans que l'on doit fuir et signaler, il est aussi des bons que l'on doit encourager; et l'on ne peut que s'affliger, pour l'intérêt même de la Société, en voyant cette espèce de manie philosophique de livrer sans cesse les Juges aux soupçons et à la défiance, au lieu d'attirer sur eux la considération dont ils ont besoin pour le maintien de l'ordre public, des lois, et qui en est inséparable. Le Juge que vous avilirez d'avance et comme par état, se croira dispensé d'avoir de l'honneur, ou du moins de cette délicatesse de sentimens qui doit le distinguer et le caractériser. Quels sacrifices aura-t-il à faire à l'estime publique, si cette estime n'est pour lui qu'un bien équivoque et couvert de nuages? Prémunissez-le autant qu'il est possible contre l'erreur, dont malheureusement nul homme ne peut se dire exempt ; prenez toutes les précautions que la sagesse indique, pour le garantir lui-même des piéges que la mauvaise foi ou la méchanceté pourrait lui tendre, pour prévenir même de sa part les abus dans lesquels il pourrait se laisser entraîner ; punissez-le enfin sans miséricorde, et avec toute la rigueur des lois, s'il ose trahir un moment la sainteté de ses devoirs : mais jusque-là, loin d'altérer d'avance le respect que l'importance de ses fonctions exige, soutenez au contraire autour de lui la confiance dont il doit toujours être environné.

Au reste le véritable moyen d'avoir des Magistrats pénétrés de la noblesse de leur état, et

sur l'intégrité desquels on puisse compter, c'est
de ne porter aux places que des hommes probes
et éprouvés , qui joignent aux lumières et à
l'expérience la bonne renommée, une moralité
reconnue, et la conscience de leur propre di-
gnité; c'est surtout d'éviter cette espèce d'amal-
game, ce mélange pénible de sujets repoussés
par l'opinion publique, et d'hommes intacts
qui, contraints de s'asseoir auprès d'eux en rou-
gissant, risquent de partager leur ignominie;
c'est enfin de forcer les Juges à se respecter
eux-mêmes, en attirant sur eux cette considération salutaire qui deviendrait propre à chaque
individu , et que le Corps entier serait lui-même
intéressé à conserver, par une discipline inté-
rieure, sévère et libre qui lui serait conférée (1).

Je le demanderai d'ailleurs à tout être impartial, citera-t-on beaucoup d'exemples de cet
abus de Ministère que l'on a tant cherché à
mettre en avant à l'égard de l'ancienne Magis-
trature et des anciennes lois criminelles, pour
renverser l'une en la déprimant, et changer ou
détruire les autres? Où est la liste des innocens
condamnés *sciemment*, et dont la tête eût été

---

(1) Ceci était écrit bien avant le Sénatus-consulte
relatif aux Juges.

vendue par des Juges prévaricateurs (1)? L'accusé d'ailleurs n'était-il livré qu'à un seul Tribunal? Celui supérieur n'était-il pas toujours là pour réformer le jugement et relever les fautes dans lesquelles le premier juge, par négligence ou par abus, aurait pu se laisser entraîner?

Il est vrai que le Tribunal d'Appel ne jugeait que sur les pièces qui lui étaient produites, que d'après l'instruction faite par le premier Juge. Mais si la procédure n'était pas régulière, si elle présentait des caractères ou des soupçons, soit de partialité, soit de prévarication, n'avait-il pas le droit, ou d'annuler cette procédure et de la faire recommencer par un autre Juge, même aux frais du premier, et de le poursuivre, s'il y avait lieu, ou d'infirmer le jugement s'il le trouvait injuste, et de le modifier si la condamnation excédait les bornes de la loi?

De même à moins de supposer que les Juges d'Appel fussent les principaux prévaricateurs, et que les premiers n'eussent fait que suivre leur impulsion, n'eusssent agi qu'à leur instiga-

____

(1) On sent qu'il ne peut être question ici que des Juges ordinaires, et non de ces Tribunaux éphémères ou irréguliers, créés pour le moment, et dont les jugements, dictés d'avance, étaient toujours des condamnations.

tion, ce qui répugnerait à toutes les vraisem-
blances ; il était difficile à ceux-ci de se livrer
à l'injustice et de trahir leur devoir, s'ils en
eussent eu la volonté. Obligés de juger d'après
l'instruction qui leur était adressée par les premiers Juges, et qui devait fixer leur marche,
il n'était pas en leur pouvoir de suivre d'autres
élémens, ils n'auraient pu s'écarter de ceux
qui leur étaient fournis, sans se montrer prévaricateurs, sans s'exposer ainsi au déshonneur,
à la prise à partie et à tout ce qui en est la
suite.

Sans doute il pouvait quelquefois s'introduire
des abus, comme il s'en rencontrera toujours
dans les institutions humaines, quelque perfec-
tionnées qu'on les suppose. Mais que sont des
exceptions particulières quand il s'agit d'une
règle ou d'un ordre général ? Est-ce une raison
pour renverser indistinctement et sans réserve,
ce que le tems et l'expérience ont consacré ? En
fait de lois, ne nous livrons point aux changemens, pour le seul plaisir de changer et pour
détruire seulement ce que d'autres ont construit
avant nous. Conservons au contraire ce qui est
bon, et n'écartons que ce qui est mal ; ne soyons
pas assez présomptueux pour penser que nous
bannirons tous les abus et préviendrons toutes

les erreurs; ce n'est toujours que du plus au moins; et lorsque nous avons été assez heureux pour rencontrer ce *moins*, soyons assez sages pour nous y tenir; ne risquons pas, en voulant atteindre le *mieux*, de ne rencontrer que le *pire*.

LE REPRÉSENTANT. Puisque vous trouvez, Monsieur, tant d'inconvéniens aux Débats publics, dont l'usage me paraît pourtant si utile, n'y aurait-il pas du moins quelque moyen d'y suppléer, pour l'intérêt des accusés et pour celui de la Justice elle-même?

LE JUGE. Oui : je crois en voir un qui remplirait complétement l'objet; ce serait de donner ou de laisser choisir aux accusés, des conseils à qui les pièces de la procédure seraient communiquées aussitôt après les confrontations. Ces conseils fourniraient par écrit, et *sans plaidoieries*, des conclusions motivées qui seraient jointes au procès, et feraient partie essentielle des pièces; ils pourraient même être présens au rapport, et auraient le droit de faire les observations qu'ils croiraient utiles pour la justification de leurs cliens : sauf aux Juges, de leur côté, à y avoir tel égard qu'ils estimeraient convenable au bien de la Justice, même à appeler de nouveau les témoins devant eux, s'ils le trouvaient nécessaire, ce qu'ils seraient libres de faire en tout état de cause (1).

De cette manière on concilierait, et l'intérêt général de la Société, trop ordinairement compromis par les Débats publics, et celui particulier des accusés, qui seraient à même de faire valoir, par le ministère de leurs conseils, les moyens justificatifs qu'ils auraient à proposer.

Je n'entends, au reste, porter ici aucune décision sur cet objet. Je n'ai point dissimulé les avantages des Débats publics. J'ai présenté de même le tableau impartial et malheureusement vrai des inconvéniens qui m'ont paru y être attachés, des dangers même qui peuvent en résulter, quant à l'intérêt le plus général de la Société. C'est à la sagesse du Monarque qu'il appartient de prononcer sur un point aussi délicat; c'est à lui à donner la solution d'un problême sur lequel il ne reste encore, dans l'opinion, que doute et incertitude.

-----

(1) Il serait à désirer que l'on n'admît comme Conseils que des hommes probes et d'une honnêteté reconnue, au lieu de laisser, comme dans l'état actuel des choses, les malheureux accusés livrés aux premiers venus, sous le titre d'*amis*, qui n'ont souvent d'autre talent que de les rançonner honteusement, en les desservant plus qu'ils ne leur sont utiles.

LE

LE REPRÉSENTANT. Je vois, Monsieur, par tout ce que vous venez d'observer, les désavantages qui peuvent résulter, et de la procédure par Jurés, et des Débats publics. L'examen approfondi dans lequel vous venez d'entrer, à cet égard, les rend trop sensibles pour être méconnus, et surtout pour échapper à la sagacité du génie vaste qui préside aux lois. Il suffit de lui indiquer les abus : sa sagesse, toujours active, ne peut manquer d'y pourvoir.

Maintenant je désirerais quelques explications sur un article que je regarde comme étant de la plus grande importance : je veux dire, la distribution ou l'emploi des peines. Les crimes ont leurs degrés, leurs nuances ; les peines doivent donc de même avoir leurs proportions. La distribution la plus juste que l'on pourrait faire des peines serait naturellement celle du *Talion*. Mais malheureusement il est très-peu de cas où l'on soit à même de l'appliquer directement ; il en est au contraire une infinité d'autres où elle serait impraticable : et c'est sans doute ce motif qui en a fait négliger l'emploi. Il faut donc nécessairement chercher un autre mode, à la fois juste et sévère ; et c'est à l'expérience qu'il appartient de l'indiquer.

LE JUGE. Cette partie est, comme vous l'ob-

servez, Monsieur, d'une très-grande importance; elle est, de même que les précédentes,
livrée encore à l'esprit de système, sans considérer la nature des choses, celle des hommes et
des circonstances. Je vais, autant qu'il sera en
moi, tâcher de la traiter, de l'éclaircir, en vous
exposant mes idées avec la même impartialité
que jai fait jusqu'ici. Ce sera la matière d'un
troisième entretien.

TROISIÈME ENTRETIEN.

Distribution des Peines.

L E J U G E. Il s'agit donc ici, Monsieur, de la distribution, ou l'emploi des peines. Pour suivre cet examen avec méthode, il faut d'abord se fixer à un principe qui doit faire la base de toute la discussion sur ce point : c'est que le seul objet que le Législateur ait à se proposer à cet égard consiste, d'une part, à venger la Société blessée , soit dans quelqu'un de ses membres, soit dans son harmonie générale ; l'autre, de prévenir les crimes autant qu'il est possible ; de comprimer la malveillance et les malveillans , par l'exemple et la crainte des punitions qui les attendent, sans égard ni aux objets, ni aux individus, mais seulement à la nature des délits.

On a beaucoup disserté , par exemple, sur le vol domestique, sur la peine capitale dont il étoit menacé et puni dans l'ancienne législation. Quoi ! a-t-on répété mille fois, *une malheureuse servante , pour cinq sous* qu'elle aurait dérobés, sera envoyée à la mort !

Sans doute un pareil résultat, pris isolément,

serait un grand acte de rigueur : mais quelque exagérée que soit l'objection, on répondra que le montant de la somme ne fait rien en soi, qu'il ne doit compter en rien pour la peine; vouloir l'y proportionner, ce serait revenir à ces tems d'ignorance et de barbarie où les délits étaient tarifés, et où le plus riche avait le privilége de faire le plus de mal.

Les peines doivent être graduées en raison de la facilité que l'on peut avoir à commettre les crimes, et du danger dont ils sont, eu égard à la Société. Combien ces raisonneurs aveugles, ces philanthropes inconsidérés changeraient de langage, s'ils réfléchissaient un moment à la position d'un maître paisible, dont la fortune et la vie sont, de jour et de nuit, entre les mains des gens qui l'entourent; qui au milieu du sommeil le plus tranquille, va être atteint par ceux-là même en qui il avait mis sa confiance; ou qui, dépouillé aujourd'hui d'un objet, et demain d'un autre, ne pourra s'apercevoir enfin du mal, que quand un excès d'audace l'aura mis à son comble, et l'aura peut-être rendu irréparable. Mais revenons.

Les peines se divisent en plusieurs classes : savoir; 1°. les peines capitales, qui comprennent la mort, tant naturelle que civile;

2°. Celles corporelles et afflictives, ou des fers pour les hommes et de la réclusion pour les femmes ;

3°. Celles correctionelles, qui, suivant la définition qu'en donne la loi du 19 juillet 1791, ont pour objet *la répression des délits, lesquels, sans mériter peine afflictive ou infamante, troublent la Société et disposent au crime ;*

4°. Les peines purement infamantes, comme était, dans l'ancienne législation, le blâme, l'amende en matière criminelle, etc.;

5°. Enfin, les peines de simple police, qui ne consistent que dans une amende légère, une détention ou prison de quelques jours.

Je ne parlerai pas de ce qui concerne les actes d'improbité, d'indélicatesse, ni des autres abus que les lois ne peuvent atteindre; je ne parlerai pas non plus de ces manœuvres employées trop souvent par la mauvaise foi dans le commerce, et qui l'ont tellement avili, qu'elles en ont fait un repaire de brigandage sans pudeur et sans frein. Espérons du moins que le Législateur, donnant à cette partie si intéressante de l'ordre public toute l'attention qui lui est nécessaire, apportera enfin, par des mesures sages et sévères, un terme à ces banqueroutes scandaleuses, à ces vols colorés, à ces prêts désastreusement usuraires, dont on s'est fait depuis long-tems un moyen presque ordinaire de s'enrichir, et qui, par leur audacieuse multiplicité, sont devenus de simples spéculations commerciales, que l'on ne rougit même plus d'avouer, et qu'on ne voit plus aussi dans le monde que comme des opérations, si-non licites, au moins tolérées, puisque mille exemples d'impunité viennent journellement les justifier (1).

LE REPRÉSENTANT. Avant d'entamer cette discussion, permettez-moi, Monsieur, de dire un mot sur la peine des fers pour vingt ou vingt-quatre années, et que l'on peut ainsi considérer comme capitale. En effet, excepté la privation de la vie, que peut-on infliger de plus ? Que peut faire, après un si long tems, un malheureux qui sort du Bagne, sans moyens d'existence, ayant perdu avec ses forces toutes ses relations de famille, de parenté, en un mot, dénué de toutes ressources ? Habitué à vivre avec des hommes corrompus, et l'étant déjà lui-même, à en juger d'après la condamnation qu'il a méritée,

____

(1) Ceci était écrit avant la discussion du Code de Commerce, dont les dispositions sévères pourront ser-vir à réprimer le mal.

ou il lui restera assez de forces pour se livrer de
nouveau, et comme par nécessité, au crime,
ou il traînera le reste de sa vie dans la misère et
la faim. Il vaudrait donc mieux peut-être pour
lui-même et pour la Société que, passé un cer-
tain nombre d'années, la condamnation, qui
supposerait une grande gravité de délit, fût sans
terme, c'est-à-dire qu'elle n'en eût d'autre que la
vie : sauf, pour le sexagénaire ou celui que des
infirmités rendraient incapable de travaux,
quelque amélioration dans son traitement et dans
sa nourriture. Du moins la Société ne risquerait
pas d'en être encore troublée, et le malheureux,
de son côté, conserverait un asyle à sa vieillesse
et aux infirmités qui n'en sont que trop naturellement la suite.

Le Juge. Votre idée, Monsieur, me frappe ;
elle me paraît mériter que l'on s'en occupe : mais
elle exigerait ici quelques autres développemens
qui pourraient nous écarter, quant à présent,
de notre objet. Revenons donc aux différens
genres de peines, autres que celle de mort, établis par le Code pénal.

Ces peines sont principalement les fers, la
réclusion dans la maison de force, et la détention :
car je laisse à part la gêne, la dégradation civi-
que, etc. qui ne sont plus en usage aujourd'hui.

D'après l'article 28 de la première partie du Code pénal, les peines des fers, de la réclusion, etc., doivent être précédées d'une exposition sur un échafaud dressé dans la place publique. Cet accessoire, je l'ai déjà observé ailleurs, est du ressort de l'opinion seulement. Il peut, à la vérité, produire quelque effet sur certains individus, malheureusement en petit nombre : mais que peut-on attendre de l'opinion avec des êtres corrompus, qui, pour la plupart, ont perdu toute pudeur et abjuré toute moralité ?

Au reste, la manière dont se fait cette exposition, la rend plus qu'inutile. Elle devient scandaleuse et perdue entièrement pour l'exemple. On réunit les condamnés plusieurs ensemble, souvent même en assez grand nombre, et placés près les uns des autres. On leur donne des siéges, pour leur épargner, sans doute, le petit désagrément d'être debout, et les mettre plus à l'aise pour faire ensemble la conversation. Quel fruit prétend-on tirer en général d'une pareille mesure ?

Le Représentant. La formalité de l'exposition actuelle pourrait être assimilée, Monsieur, à celle du carcan qui avait lieu ci-devant : celle-ci tenait bien aussi en quelque chose à l'opinion.

Le Juge. Oui : mais elle avait pourtant cette différence, que le condamné était fixé à un poteau par le cou ; il y était debout sur le pavé ; plus près ainsi et plus à la portée des spectateurs. Il était enfin dans une posture qui joignait l'état de gêne à celui d'humiliation.

Ne perdons jamais de vue cette vérité ; disons-le même, ce principe que l'expérience ne confirme que trop tous les jours : il faut aux hommes grossiers, surtout dans l'état de corruption, de dépravation profonde, où tant d'années d'agitation ont jeté la multitude, il faut, dis-je, aux hommes grossiers des peines physiques qui affectent plus ou moins leurs sens. L'usage des peines morales, au contraire, n'est véritablement, pour la classe vulgaire, qu'un jeu, qu'une dérision, produisant à ses yeux plus de mal que de bien.

Le Représentant. Mais la loi ne joint-elle pas, Monsieur, à l'exposition, la marque avec un fer chaud ? ce qui peut occasionner au condamné une sensation un peu douloureuse.

Le Juge. Ne vous y méprenez pas, Monsieur : d'abord, outre que cette mesure n'est point générale, et tient à une loi purement d'exception et limitative, à un seul cas, le crime de faux, dont nous pourrons parler dans la suite ; qu'est-ce pour des gens grossiers que l'apposition de la marque, considérée comme peine physique? L'instant passé tout est fini pour eux ; c'est à peu près, comme s'ils avaient pris un aliment trop chaud.

Cette opération d'ailleurs se fait avec tant de négligence et d'abus que l'Exécuteur est le maître d'en disposer à son gré, et même de la rendre nulle, s'il le juge à propos. Je crois devoir rapporter, à cette occasion, un fait dont le hasard m'a rendu moi-même le témoin.

Un jour que je passais devant la place du Palais de Justice à Paris, je vis là huit ou dix condamnés en exposition. L'Exécuteur, monté sur l'échafaud, s'approcha de ceux qui faisaient face à la grille, et leur découvrit l'épaule ; je jugeai qu'il allait apposer la marque, et je m'arrêtai. En effet, il tira d'un réchaud un petit fer d'un pouce de surface environ, et qui me parut rouge. Mais ce que je vis très-distinctement, c'est qu'il se contenta de présenter ce fer devant l'épaule du condamné, et ne l'appliqua nullement. Aussi l'homme pour qui il était destiné n'en fit-il que rire à la face du public. En voyant cette indécente comédie, je m'éloignai d'indignation. Voilà, dis-je, une punition bien utile, et un coquin bien corrigé !

Je ne puis trop l'observer : l'inexécution ou la négligence dans l'exercice des peines devient essentiellement un mal, on pourrait dire même, un encouragement pour les brigands. Telle était, dans l'ancien état de choses, la fustigation qui devait précéder la marque. Cette mesure, très-sage en soi, était dégénérée en une simple formalité, en un semblant. L'Exécuteur ne faisait le plus souvent que présenter un brin de verges à l'épaule du condamné. Ce préalable, établi comme une peine, lui devenait donc indifférent, et valait pour lui, de même que pour les gens de son espèce, impunité entière.

Le Représentant. Puisque vous me mettez, Monsieur, sur la voie, il me semble que la fustigation employée sérieusement, c'est-à-dire dans sa véritable destination, devrait tenir encore aujourd'hui une place utile dans la graduation des peines. Mais pour donner à cette mesure tout l'effet que l'on peut en attendre, il serait nécessaire de substituer à quelques brins de verges insignifians, l'instrument dont on fait usage en certains pays, le bambou, la baleine, ou quelque autre du même genre, c'est-à-dire, propre par sa flexibilité à frapper d'une manière sensible, sans risquer de blesser ou de fracturer. On déterminerait les cas où il en serait fait usage, et le nombre des coups qui devraient être portés pour chacun.

Cette fustigation, exécutée fidèlement, et chaque fois accompagnée d'une marque indiquant, par des caractères bien prononcés, la première ou la seconde faute, produirait un effet beaucoup plus sûr et plus utile que cette assemblée de coquins, assis comme dans un salon pour y faire la conversation, et insulter, par leur contenance impudente, au public et à la Société qu'ils ont offensée et qu'ils menacent encore.

Le Juge. Le plan que vous proposez, Monsieur, est un de ceux auxquels je me suis arrêté plusieurs fois moi-même, soit quant à la fustigation, soit relativement à la marque, dont l'usage ne devrait pas être, comme aujourd'hui, restreint à un seul genre de délits ; il serait au contraire intéressant pour l'ordre et la sûreté publics, de l'étendre à toutes les espèces, telles que le vol, l'escroquerie, etc.

En effet, quel est l'objet essentiel de la marque ? c'est de constater, par un signe non équivoque, le fait de la récidive, dans le cas où le condamné, après la punition subie, se rendrait coupable de quelque délit du même genre que celui qui a attiré sur lui la rigueur de la Justice. Ce but se trouve donc évidemment manqué par l'insuffisance et l'abus que l'on fait du moyen établi pour connaître plus sûrement la récidive.

Il n'est personne néanmoins qui ne sente combien cette connaissance est nécessaire pour la graduation des peines. Une seconde faute doit être punie plus sévèrement que la première: Celle-ci peut n'être qu'une erreur, ou le fruit d'un moment de faiblesse; l'autre annonce un penchant décidé au mal, dont la Justice doit essayer encore d'arrêter les progrès par une plus grande sévérité, et par une seconde marque qui tende à la constater.

Quant à une troisième rechute dans le crime, quelle mesure reste-t-il à prendre? La Justice, déjà provoquée deux fois par le même individu, et toujours trompée dans son indulgence, ne peut plus compter sur le retour d'un pareil être au bien. La Société, blessée aussi deux fois, ne peut plus voir dans le coupable qu'un ennemi qui la menace sans cesse, et d'autant plus à redouter, que les punitions ne lui font rien, qu'il est essentiellement corrompu, en un mot, qu'il ne laisse aucun espoir de résipiscence. Ce n'est qu'en le séquestrant pour jamais, et peut-être il faut avoir le courage de le dire, ce n'est qu'en le rayant même de la liste des vivans, qu'on peut assurer le repos et la vie des autres.

Ces vues, que je n'expose ici qu'en gémissant, paraîtront peut-être bien rigoureuses à des esprits encore abusés par les illusions d'une fausse philanthropie. Quant à moi, que le seul intérêt de la Société guide, et que l'expérience instruit plus sûrement que de vaines théories, je ne pense pas que l'on puisse opposer trop de rigueur à l'excès de démoralisation dans lequel la multitude se trouve plongée, et dont elle ne donne que trop de preuves chaque jour.

Ceci me ramène naturellement et comme malgré moi à une remarque bien affligeante, et que je ne me rappelle qu'avec amertume; c'est que beaucoup des grands crimes et des meurtres qui attirent les regards de la Justice, sont l'ouvrage de très-jeunes gens et même d'enfans, nés et élevés au milieu des désordres révolutionnaires, et dans lesquels ils ont pris leurs premières impressions; n'ayant en soi aucuns principes de morale; se faisant au contraire une gloire de fronder les préjugés les plus utiles; ne connaissant en un mot que cette licence effrénée dont, pour toute éducation, on a bercé leur enfance; tuer est pour eux un mouvement presque naturel, et qu'ils suivent sans obstacle comme sans effroi. A la première querelle, à la moindre dispute, un coup de couteau, de massue ou de quelque autre instrument qui se trouvera sous leur main, ne leur coûte rien ; et quant à l'assassinat, je citerai pour exemple deux jeunes gardes moulins, dont le plus âgé n'avait pas dix-huit ans, formant et exécutant, il y a peu, le complot d'assommer leur maître, presque pour le simple plaisir de l'assassiner, s'étant contentés de lui voler, comme par occasion seulement, une vieille montre de cuivre et quelqu'argent, le tout ne présentant pas une valeur de plus de vingt-cinq ou trente liv.

Quel remède opposer à un mal aussi grave ? Prétendra-t-on encore user de ménagemens ? Non : on ne peut pourvoir au désordre, quant à présent, que par des moyens actifs et vigoureux. Tous les autres, que l'indulgence indiquerait, n'auraient pas même l'avantage d'être des palliatifs, et deviendraient au contraire nuisibles, par leur impuissance, que le crime prendrait pour un encouragement.

LE REPRÉSENTANT. C'est user sans doute, Monsieur, d'une grande sévérité : mais je ne puis me dissimuler qu'elle naît du mal même ; qu'elle est, en quelque sorte, commandée par la force des circonstances.

Cependant, comme dans les principes d'une sage politique il ne suffit pas de punir les crimes, alors qu'ils ont été commis, mais qu'il faut encore les prévenir autant qu'il est possible, et s'épargner ainsi le triste besoin de frapper des coupables, le moyen le plus naturel et le plus sûr de ramener, avec le tems, l'ordre et l'équilibre, serait l'instruction publique, distribuée plus généralement, et dirigée avec soin vers la morale; ce serait le retour des préjugés religieux que l'on a trop négligés, ou plutôt que l'on a tant annihilés dans l'esprit de la multitude.

En rangeant ici pourtant au nombre des moyens de restauration les préjugés religieux, je ne puis me dissimuler combien ce ressort si utile est faible et impuissant, dans l'état de démoralisation où nous sommes malheureusement arrivés. S'il reste quelques vestiges de ces préjugés dans l'esprit des adultes ou des personnes avancées en âge, dont le caractère et les impressions étaient déjà formées avant la subversion révolutionnaire, et qui ont été heureusement préservées de la contagion, ils sont nuls pour la jeunesse présente, qui n'a trouvé à la place, que l'absence de tous les liens sociaux, de tous les freins. J'ai vu, il y a peu à la campagne, deux enfans qui venaient de faire leur première communion, acte qui était ordinairement pour eux une époque grave et de recueillement ; l'un

(c'était

(c'était un garçon) disait d'un air d'audace et de triomphe : « J'ai été là parce que ma mère » l'a voulu ; ils m'ont mis leur *Bon Dieu* dans » la bouche, mais je ne l'ai pas *mangé* ; » l'autre, qui était une jeune fille, et qui sans doute avait les mêmes dispositions et les mêmes principes de morale, fut arrêtée le *lendemain* pour un vol qu'elle avait fait *la veille*.

Quoi qu'il en soit, le Monarque toujours sage dans ses vues, s'occupe avec un zèle constant de rendre à la religion l'importance et la considération qui lui sont essentiellement nécessaires pour opérer quelque bien : mais cette restauration ne peut être l'ouvrage d'un jour ; il y a bien des pas de plus d'un genre à faire avant d'arriver à ce but. Il faut, d'un côté, que les ministres eux-mêmes, s'observant avec soin dans leur conduite sociale comme dans l'exercice de leurs devoirs, rappellent vers eux la confiance que tant de causes leur ont fait perdre, et confirment, par leur exemple, les vérités qu'ils annoncent. L'exemple est la plus efficace de toutes les prédications. Autant il porte au bien, quand il a le bien pour base, autant il est nuisible et destructible de toutes vertus s'il offre le tableau du vice, de l'intrigue, de l'esprit de domination, de l'hypocrisie ou des mauvaises mœurs.

D'un autre côté, l'enseignement de la morale peut gagner beaucoup sans doute lorsqu'il concourt avec celui de la religion, l'une et l'autre se prêtant un appui mutuel. Mais tous les hommes ne professent point le même culte ; que dis-je ! combien en est-il qui n'en reconnaissent, qui n'en pratiquent aucun ! L'idée d'opinions religieuses, de dogmes mêlés avec la morale, suffirait pour éloigner ceux-là de l'enseignement ; ce serait même leur en fournir naturellement un prétexte.

Pour éviter cet inconvénient, et pour embrasser toutes les classes de citoyens, toutes les sectes, toutes les opinions, il serait nécessaire, indépendamment des catéchismes religieux, de consacrer quelques livres élémentaires et classiques à la morale civile, dont on ferait une partie essentielle de l'enseignement, tant dans les villes que dans les campagnes ; on en formerait, autant qu'il serait possible, des cours, des conférences dirigées par le Gouvernement, et toujours appropriées aux véritables intérêts de la Société. Les autorités constituées de toutes les hiérarchies seraient chargées, non-seulement de surveiller ces cours ou ces conférences, mais encore de tenir la main à ce que les enfans s'y rendissent assidûment, et sous la responsabilité des pères et mères, tuteurs ou maîtres.

Cette précaution ménagée avec sagesse, en imprimant dans le cœur des enfans des principes de bien, des préjugés salutaires que recueillerait l'adolescence, et que conserverait l'âge mûr; en rectifiant peu à peu les mœurs et les inclinations, éparguerait peut-être pour la suite cette rigueur dans les peines, ce renouvellement fréquent de supplices qui afflige l'humanité, mais que nécessitent aujourd'hui la gravité du mal et la profonde corruption à laquelle l'enfance et la jeunesse ne sont que trop communément livrées.

Tout en proposant au reste cette idée, je ne me disssimule point les difficultés de plus d'un genre qui, dans l'état présent des choses, peuvent s'opposer à son exécution et la reléguer, comme la République de Platon, dans la région des chimères. N'importe : on n'y pourra voir du moins que le rêve de l'homme de bien; et si le plan reste sans effet, on sera forcé de rendre justice au motif qui l'a dicté.

Pardonnez-moi, Monsieur, cette digression à laquelle je viens de me livrer: je l'ai crue nécessaire, et le sujet m'a entraîné. Revenons, s'il vous plaît, à la discussion des peines.

Le Juge. J'ai dit il y a un moment, et cette proposition ne peut être contredite, que les récidives dans le crime devaient être punies plus sévèrement que les premières fautes, et qu'une troisième rechute ne méritait plus d'indulgence, parce que l'individu qui s'en rendait coupable annonçait une pente invincible au mal; et que la Société ne pouvait plus voir en lui qu'un ennemi qui la menaçait sans cesse. Vous désirez savoir quelle sera dans ce cas la mesure de la peine à lui infliger.

Comme il s'agit d'un être dégradé, qui ne peut que nuire, que rien ne peut détourner du vice, et sur qui les corrections sont impuissantes, dont, en un mot, la Société ne peut plus attendre que du mal, c'est véritablement pour elle un fardeau dangereux dont il est indispensable de la délivrer.

Le Représentant. Ce serait donc, je pense, Monsieur, le cas d'avoir, à l'exemple de nos voisins, un lieu de déportation, un *Botany-Bey*, où l'on reléguât les malfaiteurs, en les employant à des travaux pénibles, mais utiles; quelques spéculateurs même auraient voulu que l'on substituât généralement ce moyen à la peine de mort.

Le Juge. Je désirerais, Monsieur, pouvoir adopter votre idée: mais en y réfléchissant, je ne craindrai pas de le dire, vous la trouverez vous-même plus humaine ou philosophique que politique et conséquente ; c'est le bon cœur sans doute qui l'inspire ; on ne peut que louer l'intention : je ne saurais, quant à moi, partager une pareille erreur.

Encore une fois, et l'on ne peut trop le répéter, les punitions ou les supplices ne doivent pas avoir pour objet principal de frapper un individu ; ils ne sont essentiellement que pour l'exemple, que pour en imposer aux méchans, dans le cas où ils se rendraient coupables de tel ou tel crime. Il faut donc que ces punitions soient évidentes, soient exercées sous les yeux même du peuple à qui cet exemple est dû ; et de quoi serviront-elles, si c'est au delà des mers que les criminels doivent les subir ? Elles seront absolument perdues pour la multitude ; la peine ne sera plus pour elle qu'un fantôme qui disparaîtra de son idée aussitôt avec le condamné.

Qu'importe d'ailleurs à un brigand, à un vagabond qui, le plus souvent, n'a ni feu, ni lieu, et encore moins de Patrie, que lui importe de vivre dans tel ou tel pays, de telle manière ou de telle autre ? Son existence physique lui suffit, parce qu'il ne connaît que ses sens ; et pourvu qu'au milieu de sa végétation animale, il trouve quelquefois à les satisfaire le mode n'y fait rien, tout lui est égal dans l'Univers.

L'exil, la déportation et tous ces moyens de ménagemens envers des hommes grossiers et corrompus, que des récidives dans le crime ont montré incorrigibles, seront donc toujours des mesures impuissantes, inconséquentes même pour remédier au mal; ce n'est qu'avec une extrême sévérité à leur égard, ce n'est que par la rigueur, et surtout par l'exemple, que l'on peut espérer de comprimer leurs semblables et préserver la Société de leurs coups.

Ainsi le voleur serait puni pour la première fois d'une fustigation sévère et pourtant modérée, soit avec le bambou, soit avec tout autre instrument du même genre, et marqué de suite avec un fer chaud qui présentât une surface et un caractère aisés à reconnaître. La seconde fois, le nombre des coups serait augmenté en proportion, même doublé, s'il était nécessaire, avec une marque indiquant la récidive. La troisième fois enfin, qui serait le dernier caractère de dépravation et d'endurcissement, le coupable devrait être puni de mort.

Le Représentant. Ici, Monsieur, permettez-moi de vous arrêter. Le voleur ainsi menacé, voyant la peine de mort qui l'attendrait dans le cas d'une seconde récidive, ne pourrait-il pas se porter à l'assassinat, s'il le jugeait utile à sa conservation ?

LE JUGE. D'abord, Monsieur, il vous est facile de sentir que je n'entends parler que du vol avec effraction, ou présentant des caractères qui annonceraient la volonté bien décidée ou la préméditation. Car, quant au vol simple ou à la filouterie, le coupable peut avoir été séduit par l'occasion ; il ne mérite donc pas autant de sévérité. C'est à la loi qu'il appartient de nuancer ces divers genres de délits ou de crimes, et de mettre le Juge à portée d'y appliquer des peines proportionnées.

D'une autre part, votre objection même prouve d'autant plus la nécessité de différencier les supplices, d'y établir des graduations, ainsi que je me propose de vous le démontrer dans un moment ; et en mettant plus de rigueur dans le mode de supplice pour l'assassin que pour le voleur en récidive, il resterait encore à ce dernier un genre d'espoir qui retiendrait sa main et détournerait son poignard.

Quant à l'assassin, point de ménagement à son égard pour la peine de mort, dès la première fois : *sicut fecit, fiat ei.* Il n'a pas respecté la vie de l'homme paisible qui croyait être en sûreté à l'abri des lois; pourquoi épargnerait-on la sienne, en exposant peut-être encore celle des autres? C'est lui-même, pour ainsi dire, qui a prononcé son arrêt; il n'a pas à se plaindre si on lui applique la peine la plus naturelle, celle du talion.

LE REPRÉSENTANT. Mais en admettant la peine de mort, en la reconnaissant malheureusement nécessaire et indispensable, quel en sera le mode? De quelle manière l'exercera-t-on? Continuera-t-on d'user du moyen déterminé par le code actuel? d'en user exclusivement? Cette question a besoin d'être examinée.

LE JUGE. Il est aisé, Monsieur, de la traiter: deux mots vont vous satisfaire.

L'instrument de supplice employé aujourd'hui exclusivement rend la peine uniforme pour tous les cas. Ainsi plus de graduation, plus de proportion : ainsi l'homme pervers que son mauvais génie porte au mal peut s'y livrer dans toute son atrocité. Il peut cumuler tous les excès, toutes les horreurs qu'il croira utiles au succès ou à l'impunité de ses crimes. Le fer, le feu, le poison, tous les forfaits que son imagination féroce lui suggérera, il est libre de les pratiquer à son choix. Qu'il ait brûlé, mutilé, écorché vif son voisin, son parent, son père, son frère ou tout autre, il n'a pas plus de risques à courir pour la réunion de tous ces crimes, de toutes ces cruautés, que pour l'emploi d'un seul des moyens de les exercer; il n'a pas de peines plus rigoureuses à envisager; en un mot, il n'en peut résulter pour lui une égratignure de plus.

LE REPRÉSENTANT. Votre observation, Monsieur, est vraie en soi, on ne peut se refuser à son évidence : mais pourtant il en est une que je rappellerai avec tous les bons esprits. Ne suffit-il pas de la privation de la vie, sans y joindre encore les tortures, qui nous rapprocheraient des *peuples barbares.*

LE JUGE. Vaine illusion, Monsieur, d'une fausse philanthropie ! C'est bien mal juger les hommes : je veux dire les hommes grossiers et corrompus, qui ne connaissent de la vie que l'animalité; pour qui l'affaire des sensations est tout, et le sentiment rien : n'ayant pour ainsi dire aucune idée de la mort, on les en menacera toujours inutilement, quand ils ne verront dans l'application qu'un point presque insensible, qu'un moment, fâcheux sans doute pour leur instinct, mais si rapide, qu'à peine ils auront le tems de s'en apercevoir. Ainsi le scélérat qui s'est donné le plaisir affreux de faire expirer l'homme paisible au milieu des tourmens, sera traité plus doucement qu'il n'a traité lui-même sa victime, à qui peut-être, par des tortures étudiées, il s'est complu à arracher la vie!

LE REPRÉSENTANT. Je reconnais avec vous, Monsieur, la nécessité de graduer les peines, de les proportionner à la gravité plus ou moins grande des crimes; mais je ne voudrais pas aussi que l'on accoutumât le peuple au sang : il faut éviter, autant qu'on peut, de le rendre cruel, en lui donnant en spectacle des supplices trop rigoureux.

LE JUGE. *Il ne faut pas accoutumer le peuple au sang!* Eh! que fait-on autre chose tous les jours sur notre scène? Allez à nos théâtres, grands et petits; qu'y verrez-vous? des drames sombres, des mélodrames sanglans, des spectres, des fantômes; d'horibles boucheries décorées du nom de Tragédies, et entourées de tous les prestiges qui peuvent égarer l'imagination. Ici c'est un fils qui assassine sa mère dans le tombeau de son père, et vient tout couvert de son sang se montrer, comme en triomphe, aux spectateurs; c'est un autre qui, sur la foi d'un rêve, ne craint pas aussi de massacrer sa mère ; là c'est une furie qui égorge ses enfans aux yeux de son époux dont elle veut se venger, et qui joint, *en*

partant, la dérision au forfait; c'est un ja-
loux forcené qui présente à sa femme le cœur encore fumant de l'homme qui lui faisait ombrage;
c'est un monstre qui, sous le voile de l'ami-
tié, donne à boire à son frère le sang d'un fils
qu'il vient de lui enlever par le plus noir des
assassinats; c'est un père qui engage ses filles à
poignarder leurs maris dans le sommeil, et une
seule qui s'abstient d'un si lâche attentat, etc. etc.
Et lorsqu'on fait de pareils tableaux un amu-
sement, on craindrait de rendre le peuple cruel
par le spectacle utile de supplices rigoureux!

Le Représentant. Cette opinion pourtant,
Monsieur, ne m'est pas personnelle : ouvrez
Montesquieu, Beccaria, je ne fais qu'emprunter
ici leur langage.

Le Juge. Je respecte beaucoup, Monsieur,
l'autorité du premier; je rends justice aux vues
généralement sages de l'autre : je n'entreprendrai
point d'établir qu'ils fussent dans l'erreur en
cette occasion, ni encore moins de discuter
jusqu'à quel point ils pouvaient y être; mais
je répondrai que ces idées, convenables à une
société, sinon naissante, du moins qui conserve
encore un reste de simplicité de mœurs, étaient
déjà trop indulgentes à l'époque où chacun
de ces auteurs écrivait. Combien ils change-

raient, sans doute, aujourd'hui d'opinion, s'ils avaient pu être témoins des progrès incalculables que notre âge a faits dans la démoralisation !

Ah ! loin d'avoir à redouter d'aigrir le caractère du peuple par une sévérité intempestive ou trop rigoureuse, craignons au contraire de le rendre indifférent sur l'effet des peines, par des adoucissemens indiscrets et déplacés. L'expérience du passé nous a fait assez connaître que la multitude n'avait pas besoin d'apprentissage pour être cruelle, et que l'on pouvait, sans peine et à volonté, la porter à tous les excès, la pousser à toutes les atrocités, comme on était maître aussi de la rendre paisible et de la remettre dans le devoir, sitôt qu'on voulait franchement l'y faire rentrer.

LE REPRÉSENTANT. Votre explication, Monsieur, me subjugue malgré moi. Je vois avec vous maintenant les inconvéniens de tous genres, et surtout l'inconséquence de cette uniformité de supplices pour tous les crimes, à quelques degrés qu'ils aient été portés. Ce serait abuser de votre complaisance que de chercher à les développer davantage; ils sont assez démontrés; le moyen de les faire disparaître est facile à saisir.

Maintenant, vous m'avez promis quelques éclaircissemens sur le crime de faux et sur la législation qui y est relative: voulez-vous bien que nous en disions un mot ici.

Ce genre de crimes exige sans doute toute l'attention et la sévérité des lois; l'intérêt de la Société les réclame même d'autant plus, qu'il est difficile de s'en garantir; et à ce titre, il doit être recherché avec plus de soin et puni plus rigoureusement. Voyons si, dans l'état actuel des choses, nous avons atteint ce but.

Du crime de Faux.

LE JUGE. La connaissance des crimes de faux est attribuée, par une loi du 3 floréal an 10, à des *Tribunaux spéciaux*. Je n'examinerai point ici quelle est la nature de ces Tribunaux, qui sont une distraction de ceux ordinaires, et auxquels seulement des circonstances particulières ont donné naissance, qui par conséquent peuvent varier ou même s'éteindre avec elles.

Quoi qu'il en soit, la connaissance des crimes de faux appartient donc, quant à présent, à des Tribunaux spéciaux; et l'article 41 de la seconde partie du Code pénal, prononce la peine des fers contre celui qui, *méchamment et à dessein de nuire à autrui*, aura commis le crime de faux, etc.

Que résulte-t-il de ces termes, *méchamment et à dessein de nuire à autrui?*

C'est un principe conservateur en matière pénale, qu'on ne doit pas étendre une disposition d'un cas à un autre, ni décider par des analogies. Or en suivant cette règle et le positif de la loi, il n'y aurait presque jamais lieu à aucune condamnation, et presque tous les crimes de faux devraient rester impunis.

En effet, que présente ici le texte de la loi? Elle ne frappe l'homme qui aura contrefait une signature, qu'autant qu'il aura agi *méchamment et à dessein de nuire à autrui.* Cette rédaction est évidemment inconséquente, et tend à mettre les Juges dans l'embarras de décider et plus encore de condamner. Certes, celui qui se permet de contrefaire, par exemple, des lettres destinées à flétrir la réputation de quelqu'un, ou pour jeter la terreur dans des familles, dans des sociétés, etc., agit méchamment et à dessein de nuire à autrui. Il en est de même de celui qui met le feu à une maison, à une grange, à une meule de grain, etc.; on ne peut voir véritablement dans son action que le fait de la *méchanceté*, que la volonté de nuire.

Mais l'homme qui fabrique une fausse lettre de change, un faux billet, un mandat ou autres actes revêtus de fausses signatures; soit figurant le nom de quelque citoyen, soit imaginaire, ne peut être regardé raisonnablement comme ayant agi *par méchanceté*, comme ayant été porté à son action par le dessein *de nuire à autrui*. Son seul objet a été de se procurer (par un moyen essentiellement malhonnête) quelques sommes d'argent, quelques marchandises; ce n'est pas *autrui* qu'il a eu en vue, c'est soi-même seulement; il a commis en cela une *escroquerie*; il ne semble passible que des peines portées contre ce genre de délit, et non de celles affectées spécialement au crime de faux, commis *méchamment et à dessein de nuire à autrui*.

LE REPRÉSENTANT. Mais pourtant il est, Monsieur, une réflexion qui se présente naturellement: en escroquant de l'argent et des marchandises, l'homme qui s'en rend coupable n'a pu se dissimuler qu'il nuirait à autrui, et par conséquent......

LE JUGE. Vaine subtilité! essentiellement déplacée dans une matière aussi grave et de rigueur. C'est équivoquer sur la loi; c'est lui prêter un sens qu'elle ne présente point. La loi dont il s'agit ne prononce pas la peine des fers et de la marque contre le *fait*, mais contre l'*intention*, celle de *nuire à autrui*, d'exercer un acte de *méchanceté*. Celui qui escroque de l'argent à la faveur d'une fausse signature, nuit, il est vrai, à quelqu'un; mais ce n'est que par l'événement: son but en soi n'est pas de nuire. La seule chose qu'il considère dans son action, c'est le *moi*, c'est l'avantage qu'il va se procurer par l'argent qu'il en retirera; et en consultant son *intention*, comme la loi l'indique, il n'y a plus lieu de prononcer contre lui la peine dont elle menace l'homme pervers qui a agi *méchamment et à dessein de nuire à autrui*.

Le Représentant. Cependant, Monsieur, s'il n'est pas atteint comme faussaire, le voilà du moins reconnu escroc, vous ne pouvez en disconvenir; il ne serait pas dans l'ordre que son délit demeurât impuni: comment sera-t-il jugé?

Le Juge. Ceci, Monsieur, demande une explication. Comme la Cour spéciale devant qui se trouve l'affaire n'est qu'un Tribunal d'exception, institué seulement pour connaitre du

crime

rime de faux, et dont la compétence est renfermée étroitement dans ce cercle; elle ne peut plus juger le délit d'escroquerie qui est du ressort de la Police correctionnelle. Il faut alors qu'elle y renvoie le prévenu. Celui-ci se trouve par là soumis à deux instructions, à deux jurisdictions, au lieu d'une : inconvénient que l'on éviterait, si le Tribunal saisi la première fois de l'affaire, était le maître de prononcer par suite, d'après les élémens qu'il a sous les yeux, et encore mieux, si la connaissance de ces sortes de crimes retournait, comme ci-devant, aux Tribunaux ordinaires.

LE REPRÉSENTANT. Jusqu'ici, Monsieur, nous n'avons parlé que du faux matériel en écritures, soit privées, soit authentiques; mais il est une autre espèce de faux d'une importance bien plus dangereuse, parce qu'il peut atteindre l'homme le plus intègre, et exposer à la fois sa réputation et sa vie : c'est le *faux témoignage* et la *fausse accusation*.

Permettez - moi de vous rendre compte ici d'une affaire de ce genre, à la discussion de laquelle j'ai assisté tout récemment.

Dans un même bourg ou village s'étaient établis deux Marchands , faisant tous deux le même commerce. Tous deux étaient à la fois Merciers, Épiciers et Cabaretiers. L'un d'eux trouvant que la concurrence de son voisin pouvait lui être défavorable, conçoit le projet de s'en débarrasser à quelque prix que ce soit. Après lui avoir suscité, même en Justice, différentes tracasseries, qui toutes avaient tourné contre leur auteur, il imagine, d'accord avec sa femme, de supposer qu'un soir, revenant d'un marché voisin et étant dans leur voiture *couverte*, leur concurrent les avait attaqués sur la grande route, en leur annonçant d'un air furieux qu'il allait *leur brûler la cervelle;* qu'en effet il avait tiré sur eux trois coups de pistolet, dont aucun heureusement n'avait réussi, tous trois ayant, ce qu'on appelle vulgairement, *raté.*

L'accusation était grave; elle était capitale; elle était surtout appuyée de la déclaration de deux témoins qui avaient déposé du fait *de visu.* Mais bientôt ceux-ci, quoique pauvres et simples, sentant toute l'énormité de la faute qu'on leur avait fait commettre, et voulant la réparer, s'empressent de consigner dans un acte authentique leur rétractation. Tous les autres élémens de la procédure démontraient d'ailleurs l'animosité ancienne et soutenue des accusateurs; elle

se manifestait de toutes parts; en un mot, elle
était si évidente qu'il était impossible de la
méconnaître; aussi la déclaration du Jury fut-
elle en faveur de l'accusé que, sur-le-champ,
on mit en liberté.

Je jugeais d'après cela que le Ministère public allait prendre des mesures sévères contre
les accusateurs, comme il aurait fait contre des
faux témoins; et que l'on prononcerait contre
eux la même peine que celle à laquelle ils venaient .d'exposer la victime innocente de leur
machination. Mais mon attente fut trompée, et
les coupables se retirèrent aussi paisiblement
que si l'on n'eût eu aucun tort à leur reprocher.
Il ne resta donc aux yeux du Public indigné
que l'exemple scandaleux d'une accusation capitale, d'une accusation atrocement calomnieuse,
et dont pourtant le seul résultat était l'impunité.

Permettez-moi, Monsieur, de vous demander
quelle peut être la raison d'un pareil silence,
d'une inaction si dangereuse dans ses conséquences.

Le Juge. Il faut distinguer, Monsieur, entre
le faux témoin et le faux accusateur. Lorsque
dans le cours d'une instruction ou d'un débat,
un témoin est reconnu calomniateur, un article

positif de la loi (1) autorise à le poursuivre ; à lui faire son procès, et prononce contre lui une condamnation à vingt années de fers, même la peine de mort, suivant les circonstances. Au contraire, quant à la fausse accusation, la loi ne présentant aucune disposition à ce sujet, on ne peut pas la suppléer.

LE REPRÉSENTANT. Ainsi la Justice aura des moyens de punir le faux témoin qui n'est d'ordinaire qu'un instrument ; et elle sera impuissante pour atteindre l'instigateur, plus criminel, qui l'a pratiqué et mis en œuvre !

LE JUGE. Malheureusement, on ne peut se le dissimuler, c'est ici une omission de la loi : mais du moins il reste à celui sur qui a pesé une fausse accusation, la ressource d'une demande en dommages-intérêts contre son accusateur ou son dénonciateur.

LE REPRÉSENTANT. Je pensais en effet, Monsieur, qu'une demande en dommages-intérêts était la moindre satisfaction que pouvait réclamer l'homme ainsi calomnié. Il me semblait naturel et juste que le même Tribunal

____

(1) Voy. l'art. 48, sect. 2, tit. 2 de la seconde partie du Code pénal.

qui avait connu de l'accusation, prononçât de suite sur ces dommages-intérêts. Néanmoins, dans l'espèce dont je viens de parler, l'accusé ayant conclu sur la barre à des dommages-intérêts, il n'y fut point statué, et le Tribunal le renvoya à se pourvoir *devant qui de droit.*

LE JUGE. Il faut distinguer ici, Monsieur : si l'accusé est acquitté par un *jugement* de la Cour de Justice criminelle, le même jugement doit statuer de suite sur les dommages-intérêts (1). Si au contraire son absolution est le résultat de la déclaration du Jury, comme dans votre espèce, l'acquit n'est alors que le fait du Président seul, qui prononce de sa propre autorité, sans le concours des autres Juges ; et comme, dans ce cas il n'y a pas de *jugement* de la part de la Cour, la disposition de la loi ne la concerne plus ; elle n'est plus autorisée à prononcer sur les dommages-intérêts, sauf à l'accusé justifié à se pourvoir par la voie civile.

LE REPRÉSENTANT. Ah ! Monsieur, à quelle distinction ! ou plutôt à quelle équivoque on sacrifie en ce point la justice ! Quoi ! ce n'est pas le Tribunal qui a connu de l'affaire, qui en a tous les détails sous les yeux, ce n'est pas lui qui

---

(1) Voyez art. 432. Code des délits et des peines.

prononcera sur les dommages-intérêts si légiti-
mement dus! Quoi! le malheureux qui a été
victime d'une accusation capitale; qui a langui
long-tems dans les angoisses de cette accusation;
qui, par suite, a été privé long-tems de sa liberté, sera encore obligé de chercher de nouveaux Juges; de se traîner dans une nouvelle
jurisdiction; d'y former une action nouvelle;
d'y soutenir un nouveau procès; de faire encore des avances de frais, des dépenses de
faux-frais, enfin d'éprouver encore de longues
perplexités, pour se procurer des dommages-
intérêts qu'il a déjà achetés si chèrement, et qui,
en les obtenant, ne seront peut-être pour lui
qu'une chimère qu'il lui sera impossible de
saisir !

Quoi qu'il en soit, ces dommages-intérêts ne
concèrnent que l'objet privé ; à quelque somme
qu'ils puissent s'élever, quelqu'assuré qu'en puisse
être le recouvrement, ils sont étrangers à la
vindicte publique. Que reste-t-il donc pour elle?
quelle garantie en résulte-t-il pour la société?
quelle sûreté y trouvera-t-elle ? Tout cela est
nul à son égard. Et si l'homme pervers et coupable dont les facultés et la fortune offrent
quelques indemnités à sa victime ; si ce coupable, dis-je, éprouve une légère punition dans

le paiement forcé des dommages-intérêts auxquels il sera condamné, par l'événement ; le scélérat qui n'a rien ; contre lequel il n'y a point de recours à espérer, trouvera donc, au grand scandale public, trouvera dans son indigence même un privilège bien effrayant pour l'homme paisible, quelqu'intègre qu'il soit ; un privilège terrible dans ses conséquences ; en un mot, un privilège d'attaquer, de tourmenter la vertu qui l'offusque, assuré toujours d'une impunité entière.

LE JUGE. Je ne me dissimule pas plus que vous, Monsieur, combien la législation est encore insuffisante et défectueuse en cette partie, et combien ainsi elle a besoin d'être réformée : mais jusque-là, et tant qu'elle subsiste, les juges ne peuvent s'en écarter.

LE REPRÉSENTANT. D'après tous les détails dans lesquels nous venons d'entrer à l'égard des crimes de faux, je craindrais de vous fatiguer si je portais plus loin mes questions sur cet article. Mais je ne puis m'empêcher de mettre encore à contribution vos lumières et votre expérience relativement à deux espèces de crimes qui, à ce qu'il paraît, se multiplient depuis quelque tems d'une manière effrayante ; je veux dire, le *Viol* et l'*Infanticide*. D'abord, à l'égard du premier, on ne peut se dissimuler combien il intéresse les mœurs, le repos de la société et celui des familles ; et combien par conséquent cette espèce de délit appelle encore la sévérité des lois et celle de la justice : nous viendrons ensuite à l'autre, qui est d'une importance encore plus grave dans ses suites.

Du Viol.

LE JUGE. Il n'est que trop vrai, Monsieur; des accusations de ce genre nous passent fréquemment sous les yeux, et malheureusement sans beaucoup de succès. Des hommes sans frein se ravalant au niveau des animaux les plus grossiers, ne craignent point, dans leurs sales luxures, d'abuser de leurs forces envers des jeunes filles, envers des enfans, souvent encore loin de la puberté. Quelque funestes que soient pour leurs innocentes victimes, même sous les rapports physiques, les violences exercées sur elles, quelque fréquens que deviennent d'ailleurs ces actes de brutalité ; les jurés, au lieu de mettre les juges à portée de prononcer des condamnations proportionnées à la gravité des délits de ce genre qui leur sont déférés, entraînés communément par un sentiment d'indulgence, déplacée autant qu'elle est scandaleuse, ou procurent par leur déclaration l'impunité aux coupables, ou ne laissent tout au plus aux juges, resserrés dans un cercle étroit de peines, que la ressource d'une légère détention.

C'est d'ailleurs dans ces sortes d'affaires que l'inconvénient des débats publics devient d'autant plus sensible ; outre qu'ils ne peuvent toujours qu'offenser les mœurs, et blesser la décence, combien il est pénible, ... que dis-je! combien il est affreux pour une jeune fille ou une femme qui a véritablement de la pudeur et de l'honnêteté, qui est déjà assez malheureuse d'avoir essuyé des violences et des outrages, de se voir encore traînée devant un public curieux ou cinique, pour en exposer les détails et rappeler sa honte, en augmentant son humiliation et peut-être le tort que la malignité peut porter à sa réputation! Pour comble de disgrâce, il lui faut trop souvent endurer les attaques d'un défenseur audacieux et mercenaire qui ne craint pas d'insulter en face à son infortune, de calomnier sans égards sa conduite afin d'entacher sa vertu, et pour, en la déprimant ou la tournant en ridicule, atténuer d'autant le crime du coupable qui l'a payé pour le défendre.

Que résulte-t-il enfin de tous les efforts qu'a

faits la justice pour atteindre les auteurs du délit? l'impunité.

LE REPRÉSENTANT. Ainsi le défenseur, les jurés éblouis par ses prestiges, la loi elle-même par son insuffisance ; tout concourt à consacrer cette impunité ! Tout démontre d'autant plus combien il est instant de rassurer les mœurs, de travailler à les restaurer, s'il est possible, en un mot, de leur donner toute la protection dont elles ont besoin contre des abus qui leur sont si nuisibles.

Il nous reste à traiter, Monsieur, un objet qui ne tient pas moins étroitement aux mœurs, et qui est encore plus funeste ; l'infanticide. Permettez que nous terminions par-là notre discussion.

De l'Infanticide.

LE JUGE. Qu'il est affligeant, Monsieur, d'avoir à parler d'un crime abhorré par la nature, et qu'elle semblait avoir voulu prévenir par les liens les plus étroits, par les sentimens les plus tendres, en un mot, par l'instinct de la maternité ! Telle est pourtant la dépravation humaine, que ce frein si respecté, même dans les animaux les plus farouches, est impuissant pour la contenir ; et si la justice, toujours surveillante,

s'efforce d'arrêter les progrès du mal ; si , fidèle
à ses devoirs, elle poursuit les filles ou femmes
dénaturées qui , par un égarement des sens,
ont donné l'être à un enfant qu'elles n'ont pu
étouffer dans leur sein, et qu'elles ont détruit
au moment de sa naissance ; la loi même par
son insuffisance leur fournit les moyens d'é-
chapper à la peine qui aurait dû les atteindre.

Suivant un édit du roi Henri II, de 1556,
toute fille ou femme veuve qui était accouchée
sans avoir fait déclaration , tant de sa grossesse
que de son enfantement , et qui ne pouvait
représenter son fruit ni en rendre un compte
juste , était réputée l'avoir détruit, et punie de
mort.

Le Représentant. Cette peine , il faut le
dire, Monsieur, était bien rigoureuse, compa-
rée surtout à la position d'une fille ou femme
qui, par suite d'une faiblesse ou d'une séduc-
tion, se verrait exposée au déshonneur, et qui,
par-là perdant tout espoir d'établissement, va
être livrée à la honte et au mépris pour le reste
de sa vie. Vous l'avouerez même, Monsieur, cet
état malheureux est encore plus sensible dans
les campagnes, où chacun ayant moins d'objets
de distractions, a les yeux ouverts sur tout ce
qui l'entoure ; et où , se voyant de plus près ,

on s'épargne souvent moins ; où enfin la décence et les mœurs conservent encore un reste d'asile.

LE JUGE. Oui, en n'envisageant la chose que sous ce rapport, je verrais comme vous une extrême rigueur dans la peine, et je serais tenté d'en juger comme vous. Mais l'ordre public, toujours plus puissant que des considérations particulières, exigeant que l'on mit un frein au libertinage et aux suites désastreuses qui en résultaient, donna naissance à l'édit de Henri II ; il fallait arrêter les progrès d'un désordre qui, en se multipliant, devenait si funeste et si contraire à tous les principes et à tous les sentimens, même les moins équivoques, de la nature.

Les motifs qui avaient provoqué cette loi sont-ils moins pressans aujourd'hui qu'ils ne l'étaient alors ? L'honneur, cette sauve-garde la plus sûre de la société, l'honneur a-t-il plus d'empire ? Les mœurs dégradées de toutes les manières, les préjugés les plus utiles détruits, qu'est-il resté à leur place ? L'intérêt, les sens et la cupidité ; voilà les principaux ressorts, les guides trop ordinaires auxquels nous sommes malheureusement livrés.

Cependant, par une pitié malentendue, peut-être aussi par une omission funeste, notre code criminel, plus indulgent d'ailleurs que les anciennes lois, est resté muet sur le crime dont il s'agit, qui méritait pourtant bien par lui-même quelques dispositions spéciales ; en sorte que ce n'est que par une espèce d'analogie que l'on parvient à appliquer des peines aux filles ou femmes coupables d'infanticide.

De là tant d'abus multipliés. Au moyen de ce qu'aucune loi n'exige d'elles de déclarations ni de leur grossesse ni de leur enfantement, toutes celles qui sont reconnues être accouchées clandestinement, sans pouvoir représenter leur fruit, ne manquent pas de donner pour défaite bannale que l'enfant était mort dans leur sein ; et en prenant, autant qu'il est en elles, le soin d'en soustraire le cadavre, comme il ne reste alors que leur allégation, elles se trouvent ou acquittées, ou punies seulement de quelques peines correctionnelles.

Du nombre des filles ou femmes veuves accusées d'infanticide qui m'ont passé sous les yeux, et qui prétendaient que leur enfant était venu mort, l'une, pressée de dire ce qu'elle en avait fait, eut l'audace horrible de répondre qu'elle l'avait *mangé :* ce qui pourtant n'était pas vrai. Il fut reconnu qu'elle l'avait brûlé, et l'on retrouva dans les cendres de son feu les débris des ossemens. L'autre, qui était une veuve, avait fait de son enfant un paquet, et l'avait envoyé jeter à la rivière par son fils, âgé de quatorze ans. On ne trouva aucuns vestiges du nouveau-né; et la malheureuse ne pouvant être convaincue de l'avoir *homicidé*, en fut quitte pour une peine légère.

Vous le voyez donc, Monsieur, jamais les précautions et la sévérité ne furent plus importantes et plus nécessaires, aujourd'hui que la licence, le libertinage et l'immoralité audacieuse ont fait les plus grands progrès, et ont étendu leur abus jusque dans les ménages même. D'un côté, le code criminel, comme nous venons de l'observer, ne prescrit aux femmes ou filles aucunes déclarations ; de l'autre, le code civil exige, à la vérité, des déclarations de naissance de la part du père ou autres : mais en consacrant cette obligation infiniment importante, il eût été nécessaire d'en assurer l'exécution par une peine attachée à l'infraction ; et c'est malheureusement ce qui reste encore à désirer. Ainsi, soit dans l'état de mariage, soit autrement, il est évident que la loi a oublié les mesures et les précautions les plus naturelles pour remédier au mal, ou pour le prévenir.

Dans un état si déplorable de choses, pourrait-on hésiter à revenir, quant à présent du moins, aux dispositions malheureusement trop sages de l'édit de Henri II, c'est-à-dire, d'obliger les filles ou femmes veuves qui se trouveraient enceintes, d'en faire la déclaration soit au maire ou à l'adjoint de leurs communes, soit à un notaire ou au juge de Paix, en un mot, à celui de ces hommes publics dans la discrétion duquel elles auraient le plus de confiance, et qui en dresserait, sans frais, un acte particulier et secret, pour y recourir au besoin? A défaut de cette déclaration et de pouvoir représenter leur enfant, elles seraient réputées l'avoir détruit, et punies en conséquence; sauf, si l'on voulait, à laisser aux juges assez de latitude pour modifier la peine, suivant les cas et les circonstances.

LE REPRÉSENTANT. Ici, Monsieur, je crois devoir vous proposer une objection, et m'étayer à cet égard de l'opinion de Montesquieu, qui, en parlant de l'édit de Henri II et de la condamnation qu'il prononçait contre une fille ou femme veuve dans le cas que vous venez d'exposer, trouve cette obligation imposée à la fille ou femme veuve enceinte de déclarer sa grossesse, faite pour *blesser la pudeur*, et la condamnation *contraire à la défense naturelle*. Il suffirait, selon lui, à cette fille ou femme d'instruire de sa grossesse *une de ses plus proches parentes*, qui veillât à la conservation de l'enfant.

LE JUGE. Je connais, Monsieur, ce passage de Montesquieu: on me l'a déjà opposé; on a été même jusqu'à m'objecter que la condamnation prononcée par la loi contre une fille ou femme veuve qui ne représentait pas son fruit, ne portait que sur une présomption de l'avoir détruit, et que suivant tous les principes, une condamnation ne pouvait jamais avoir pour base une présomption.

D'abord ce qu'on nomme ici présomption, n'est qu'un mot inconséquent et ne présente essentiellement qu'un sophisme. En effet, une fille qui est reconnue avoir eu une grossesse illicite, suivie d'un accouchement, et à laquelle on demande compte de son enfant, ne peut plus être retenue ni par la pudeur, ni par la honte et le respect humain. Le voile est déchiré alors, sa faute est découverte, est publique; elle n'a plus aucun espoir de la cacher. Elle n'a donc plus d'autre intérêt que celui de sa conservation personnelle, qui dépend de la représentation de son enfant. Si elle ne peut ni faire cette représentation, ni indiquer ce que l'enfant est devenu, elle s'accuse par-là aux yeux de la
loi,

loi, de l'avoir défait; la preuve de son crime est dans son silence même, qu'elle a le plus grand intérêt de rompre, sur lequel aucun obstacle ne peut plus la retenir, et auquel pourtant elle se trouve réduite; c'est à elle à détruire cette preuve juridique, en en produisant une contraire qui ne peut être autre chose que la représentation de l'enfant.

Quant à l'opinion citée de Montesquieu, qui suppose l'obligation imposée à une fille de déclarer sa grossesse, *faite pour blesser la pudeur*, et la condamnation *contraire à la défense naturelle*, etc., il faut l'avouer, on ne retrouve point dans une pareille idée ce caractère de sagesse profonde qui distingue en général l'Esprit des Lois. On y voit que l'Auteur au contraire a moins consulté la raison qu'il n'a cédé à un sentiment de pitié, louable, sans doute, mais inconsidéré et toujours dangereux en matière criminelle.

En effet, quel fruit prétendrait-on tirer d'une mesure telle que celle qu'il propose, de la déclaration simplement faite *à une proche parente ?*

D'un côté, elle ne pourrait avoir lieu que de la part d'une fille qui serait au sein de sa famille, ou qui aurait avec elle des communications habituelles et faciles. Mais à l'égard d'une fille en service, par exemple, éloignée de ses parens et plus exposée par-là aux poursuites des hommes ou aux dangers de l'égarement personnel, à qui fera-t-elle sa confidence? Écrira-t-elle? lorsqu'elle aura à craindre que sa lettre ne tombe en des mains tierces, en celles d'étrangers, auxquels elle serait bien plus humiliée d'avoir révélé imprudemment son secret, dont ils se plairaient à abuser.

Au contraire, si elle ne sait pas écrire, ira-t-elle emprunter une plume indiscrète qui divulguera impitoyablement ce qu'elle aurait voulu cacher à tous les yeux? Enfin si elle ne fait point cette déclaration à la parente, et si l'enfant vient à périr, qu'en résultera-t-il?

Mais, supposons la confidence faite; si malgré cette précaution la fille, en changeant d'idée ou autrement, vient à détruire son enfant au moment où il arrive à la vie, pense-t-on que la parente, dépositaire du secret, s'empressât de dénoncer la malheureuse qui l'aurait trompée?

Au contraire, intéressée elle-même naturellement à cacher le crime, dans lequel peut-être elle aurait à craindre de se voir inculpée elle-même, elle serait plutôt disposée, non-seulement à garder le silence, mais encore à donner tous ses soins pour faire disparaître jusqu'aux moindres traces de l'accouchement, et par conséquent à favoriser, autant qu'il serait en elle, l'impunité qu'il est pourtant du plus grand intérêt pour l'ordre public d'éviter.

C'est ainsi qu'en se laissant abuser en législation par des considérations particulières, par les illusions d'une fausse philantropie, on ne voit plus que les individus auxquels on sacrifie, sans s'en apercevoir, les intérêts les plus pressans de la Société et le salut général.

Vous me reprocherez peut-être, Monsieur, de m'être livré ici à des détails un peu longs sur un point qui semblait n'en pas exiger autant; mais j'ai vu mettre déjà avant vous tant d'importance à l'objection fondée sur l'opinion de Montesquieu, quelque faible qu'elle soit, que j'ai cru devoir l'approfondir et la réfuter d'une manière si complète, qu'il n'y eût point à y revenir. Je souhaite vous avoir pleinement convaincu à cet égard, de même que sur les autres objets de discussion que nous avons traités dans le cours de ces Entretiens.

Le Représentant. Je ne puis que vous témoigner, Monsieur, toute ma gratitude de la complaisance avec laquelle vous vous êtes prêté à mes questions (peut-être trop multipliées), et vous les avez résolues, en m'éclairant sur une partie de législation qui m'était entièrement étrangère. Les renseignemens que vous avez bien voulu me donner ne peuvent que m'être d'une grande utilité à tous égards. J'aurai soin de me les rappeler pour les méditer, et me mettre en état d'en faire usage lorsque le tems en sera venu. Votre bonne volonté même m'encourage trop pour en rester là. Permettez-moi, Monsieur, de réclamer encore l'emploi de vos lumières toutes les fois que j'en aurai l'occasion. Ce sera la manière la plus sûre de vous prouver combien j'y attache d'intérêt et de prix.

FIN.

www.ingramcontent.com/pod-product-compliance
Ingram Content Group UK Ltd.
Pitfield, Milton Keynes, MK11 3LW, UK
UKHW022100070726
13613UKWH00002B/886